中等职业院校立德树人系列教材

师 德 修 炼

主　编　勾东海
副主编　郭兴民

北　京
冶金工业出版社
2017

内 容 提 要

本书针对中职院校的实际情况，以中职院校在职教师为对象，根据中职教师从教的职业生涯进程，遵循中职院校教师的师德形成规律，从认识师德开始，依次介绍了教师的职业认同、学生观念、专业态度、个人修养、师德规范、纪律规范和职业风险防范等内容。

本书可供中职院校的教师阅读，也可供其他院校教师参考。

图书在版编目（CIP）数据

师德修炼／勾东海主编 . —北京：冶金工业出版社，2017. 10

中等职业院校立德树人系列教材

ISBN 978-7-5024-7650-2

Ⅰ.①师… Ⅱ.①勾… Ⅲ.①师德—中等专业学校—教材 Ⅳ.①G451.6

中国版本图书馆 CIP 数据核字（2017）第 240534 号

出 版 人 谭学余
地　　址 北京市东城区嵩祝院北巷 39 号　邮编 100009　电话 (010)64027926
网　　址 www. cnmip. com. cn　电子信箱 yjcbs@ cnmip. com. cn
责任编辑 陈慰萍　美术编辑 吕欣童　版式设计 孙跃红
责任校对 郑　娟　责任印制 牛晓波
ISBN 978-7-5024-7650-2
冶金工业出版社出版发行；各地新华书店经销；三河市双峰印刷装订有限公司印刷
2017 年 10 月第 1 版，2017 年 10 月第 1 次印刷
169mm×239mm；10. 75 印张；210 千字；161 页
27. 00 元

冶金工业出版社　投稿电话　(010)64027932　投稿信箱　tougao@cnmip. com. cn
冶金工业出版社营销中心　电话　(010)64044283　传真　(010)64027893
冶金书店　地址　北京市东四西大街 46 号(100010)　电话　(010)65289081(兼传真)
冶金工业出版社天猫旗舰店　yjgycbs. tmall. com
（本书如有印装质量问题，本社营销中心负责退换）

前　言

党的十八大报告提出"加强教师队伍建设，提高师德水平和业务能力，增强教师教书育人的荣誉感和责任感"的要求。习近平总书记在第 32 个教师节前夕对广大教师提出了"要做学生锤炼品格的引路人，要做学生学习知识的引路人，要做学生创新思维的引路人，要做学生奉献祖国的引路人"的殷切希望。2016 年 12 月 9 日，习近平总书记在全国高校思想政治工作会议上的讲话强调，教师是人类灵魂的工程师，承担着神圣使命。传道者自己首先要明道、信道。要引导广大教师以德立身、以德立学、以德施教。育人是最复杂的社会劳动，具有其自身的劳动特殊性，教师的德性和德行是最好的教育资源。

学校立德树人机制建设，不仅要考虑德育的内容、德育的对象、德育实施的手段等，还必须研究"施教以德者"，也就是说再科学完善的制度设计和内容规划，也都需要教师的劳动去实现。因此，立德树人机制建设，必然包括学校师资队伍德育能力提升这一重大课题，而其关键首在师德水平的提升。

本书以习近平总书记关于教师队伍建设的系列讲话为指导，以《中小学教师职业道德规范》、《中等职业学校教师职业道德规范》、《中等职业学校教师专业标准》等文件为依据，针对中职院校实际情况，以在职教师为对象，从认识师德开始，渐次介绍教师的职业认同、学生观念、专业态度、个人修养、师德规范、纪律规范和职业风险防范等内容，强调对教师师德成长的理论与现实问题的分析，具有较强的针对性和实用性。

本书旨在为中职院校开展师德培训和教师进行自我修炼提供有效的方法，使教师增强师德修炼的自觉性和主动性，坚持知行合一，努力做一名值得学生感谢、感激、感恩的教师。

本书由勾东海担任主编，郭兴民担任副主编，丁维娟、白君华参加编写。感谢天津市劳动保障技师学院、天津市劳动保护学校领导和老师们的大力支持。本书在编写过程中，借鉴了部分同仁的研究成果，在此一并表示感谢！

由于编者水平有限，书中不足之处，欢迎读者批评指正。

编　者
2017 年 7 月

目　录

① 认识师德

有一种力量，指引前进的方向
有一种力量，唤回迷途的羔羊
有一种力量，启迪心中的梦想
有一种力量，点亮人生的希望
这，就是师德的力量……

马克思主义认为"人是一切社会关系的总和"，每个人都处于各种关系之中，如何处理这些关系，用什么样的态度来对待各种关系中出现的矛盾，这就涉及道德问题。道德是人类社会古老而常新的一种社会意识和行为规范，是人类不断完善和发展自身的活动原则。道德存在的领域具有广泛性，它影响着社会的存在和发展，同时也在影响着人们的思想、意识、品格和行为。

道德是调节人类各种关系矛盾的一般标准，不同时期的社会可能有着不同的道德标准，但其中一些基本的道德标准不会发生改变，因此道德具有传承和发展的特点。社会主义道德以为人民服务为核心，以集体主义为原则，以爱祖国、爱人民、爱劳动、爱科学、爱社会主义为基本要求，以社会公德、职业道德、家庭美德、个人品德为着力点，合乎人类道德发展规律。其中，职业道德是社会主义道德的重要组成部分，对社会主义经济发展、社会稳定、完善公民自身素质起着举足轻重的作用。教师职业道德又是社会主义职业道德的重要类型。职业院校的教师要掌握相应的职业道德知识，并修炼内化为自身的道德修养。

1.1 师德概述

1.1.1 师德的含义

师德就是教师的职业道德，是指教师在从事教育劳动过程中形成的比较稳定的道德观念、行为规范和道德品质的总和，它是调节教师与他人、与集体及社会相互关系的行为准则。

首先，师德是作为特定社会阶层成员的教师后天获得的职业品质，其最终承载者只能是教师个体，即有社会职业规定性的教师个体自我。这就是说，师德是一种行为规范和要求，强调社会规范在教师深层心理结构的积淀和对教师职业行为内在的制约。

其次，师德属于道德范畴，具有很强的他律性，但是，从最终意义上说，道德不是一种消极的防范力量，而是人生活的一个方面。道德是为了人而产生的，但不能说人是为了体现道德而生存。道德只有拥有德性自律主体才有意义。师德也同样，它不仅是外部给定的结果，也是教师根据自主需要选择的产物。教师作为师德主体，是在自主选择规则和行为中显示自己的道德境界的，不代表教师主体意志的行为无法参与真正道德意义上的评价。主体性的选择具有源于规范性的一面，即它源于社会意义上的固定的准则和行为。所以，师德是教师后天通过教育与培训以及在教育劳动过程中的自我体验与修养，内化师道所形成和获得的个体性的自觉自愿的品质，是教师满足生存需要、发展需要和实现自我价值的手段。

再次，职业道德具有行业规范的作用，它往往设定了该行业的准入条件，限制涌入该行业的人口数量，实施行业保护。师德也具有这样的特点，它一方面限制涌入教师队伍的人口数量，减小竞争压力并提高工作效率，以保证教师阶层的福利待遇不至于降低；另一方面，以较高的教师职业道德的规定来使教师获得较高的社会声望，从而获取社会的尊重与认同，使社会自愿地增加对教师职业的报酬，使教师外在利益获得合理化并得到根本保证。

教师在从事教育劳动中所遵循的行为准则和必备的道德品质，是社会职业道德的有机组成部分，是教师行业特殊的道德要求。它从道义上规定了教师在教育劳动过程中以什么样的思想、感情、态度和作风去接人待物、处理问题、做好工作，为社会尽职尽责。它是教师行业的特殊道德要求，是调整教师与教师、教师与学生、教师与学校领导、教师与学生家长以及教师与社会其他方面关系的行为准则，是一般社会道德在教师职业中的特殊体现。在社会主义社会，教师担负着培养社会主义事业建设者和接班人的艰巨而光荣的任务。社会主义的教师职业道德批判地继承了古代师德的优秀遗产，以社会主义道德的基本原则和行为规范为指导，从根本上区别于以往的教师职业道德，是先进、高尚的教师职业道德。

1.1.2 师德的构成

一般来讲，师德中的"德"包括教师的职业理想、职业责任、职业态度、职业纪律、职业技能、职业良心、职业作风、职业荣誉等要素。

（1）职业理想。教师的职业理想即教师对其职业所要达成的某种成就的向往和追求。职业理想是理想的一种具体内容和形式，指的是人们在所从事的职业中所要达到的目标的设定或者预判，或者是对未来要从事的职业的一种选择或者向往。职业理想在职业道德中占据着核心地位。在职业生涯中，只有确立了职业理想，才能客观正确地看待自己的职业，并能在自己所从事的职业中展现出积极进取的一面，充分发挥出自己的潜能，贡献出自己的力量。教师作为一种职业，亦如此。教师除了需要具备普通职业的职业理想特点外，因其职业的特殊性，更需要具备高尚的职业理想，唯此，才能引领学生树立自己的人生理想。

（2）职业责任。教师的职业责任是教师必须承担的职责和任务。在社会主义条件下，人民教师的根本职责是培养社会主义现代化事业的建设者和接班人。自觉履行教师职业责任，要求教师把职业责任变成自觉的道德义务，为培养和造就社会主义新人而无私奉献，做到对学生负责、对家长负责、对教师集体负责，对社会负责。教师的具体责任通常表现为具体的岗位职责，这是教师能否履行职业责任，是否称职、是否能胜任相应工作的标准。

【知识链接】

教师的权利义务

教师的权利是指教师在教育教学过程中所享有的权利，主要包括：

（1）进行教育教学活动，开展教育教学的改革与实验。

（2）从事科学研究、学术交流，参加专业学术团体，在学术活动中充分发表意见。

（3）指导学生的学习与发展，评定学生的品行与学业成绩。

（4）按时获得工资报酬，享受国家规定的福利待遇以及寒暑假期的带薪休假。

（5）对学校教育教学、管理工作和教育行政部门的工作提出意见和建议，通过教职工代表大会或其他形式，参与学校的民主管理。

（6）参加进修或其他方式的培训。

教师的义务是指教师在从事教育活动过程中，必须遵循的法律与相应的职业道德规范的要求，是教师应尽的责任和使命，主要包括：

（1）教师有"遵守宪法、法律和职业道德，为人师表"的义务。

（2）教师有"贯彻国家的教育方针，遵守规章制度，执行学校的教学计划，履行教师聘约，完成教育教学工作任务"的义务。

（3）教师有"对学生进行宪法所确定的基本原则的教育和爱国主义、民族团结的教育，法制教育以及思想品德、文化、科学技术教育，组织带领学生开展有益的社会活动"的义务。

（4）教师有"关心、爱护全体学生，尊重学生人格，促进学生在品德、智力、体质等方面全面发展"的义务。

（5）教师有"制止有害于学生的行为或者其他侵犯学生合法权益的行

为，批评和抵制有害于学生健康成长的现象"的义务。

（6）教师有"不断提高思想政治觉悟和教育教学业务水平"的义务。

（3）职业态度。职业态度又称职业心态，是指教师在职业活动中对自己从事职业的认识与评价，对教育教学对象的认识、态度与评价，对自己在教育活动中的情感投入的认识与评价等。职业态度对从业者的职业行为有着重要的作用。积极的职业态度有利于从业者更好地完成自己的工作，反之，则会影响从业者的工作效率。

（4）职业纪律。职业规律即严格遵守各类教育法律、法规、准则。职业纪律就是为了维持职业活动的正常秩序，保证职业责任的履行，人们在从事职业活动时，必须遵守的规矩和准则。通常表现为规章、制度等形式。职业纪律本身具有他律和自律两方面的特征，是职业道德的重要组成部分，职业纪律不仅是职业活动得以正常进行的重要保障，也是职业人内在品质的一种外化表现。自觉遵守职业纪律，是遵守职业道德的重要要求。将外在行为约束化为内心的一种自觉，体现出职业纪律同职业道德的一致。

（5）职业技能。教师的职业技能包括语言表达能力、文字表达能力、教学组织能力、班级管理能力、专业教师的专业实践能力等。习近平总书记在讲话中提到的好教师的条件之一，就是要"有扎实的学识"——扎实的知识功底、过硬的教学能力、勤勉的教学态度、科学的教学方法。职业技能集中地表现为教师教书育人的本领，教师教书育人活动的效果是教师职业技能的反映。

（6）职业良心。教师的职业良心是指教师在对学生、学生家长、同事以及对社会、学校、职业履行义务的过程中所形成的特殊道德责任感和道德自我评价能力。好教师的标准中，就要求"要有理想信念"、"要有道德情操"、"要有仁爱之心"。因此，教师应做到，有强烈的教育信念；有高度的责任感和使命感；不断反思，经常对自己的行为思想进行道德控制和道德评价。

（7）职业作风。教师的职业作风是指教师在自身职业活动中表现出来的一贯态度和行为，是教师个人品格和魅力的主要表现形式。理想的教师应该努力做到实事求是，坚持真理；工作积极，认真负责；忠诚坦白，平等待人；发扬民主，团结互助。

（8）职业荣誉。教师的职业荣誉是教师在履行职业义务后，社会给予的赞誉和肯定，以及教师个人所产生的尊严与自豪感。教师荣誉可以促进教师更好地履行职业义务，是增强教师职业认同的重要途径。

1.1.3 师德的特点

与其他职业道德相比，教师职业道德具有五方面特点。

（1）示范性。"学为人师，行为世范"，自树方能树人，教师的言传身教对学生的学习、品德和行为的发展起着重要的作用。同时，教师职业道德也对社会道德起着示范和引领作用。

（2）自觉性。教师教育劳动的时空具有较强的独立性和灵活性。一名教师究竟有多少时间、多少精力花在教学上，很大程度上取决于他的良心和道德品质。

（3）无私性。教师教育工作既包括课堂教学等显性工作，也包括学习研究等隐性工作，这种劳动是难以具体度量的。因此，教师的工作态度是以无私奉献为基础的。

（4）深远性。教师肩负着教书育人的职责，更肩负着祖国未来的重托。教师职业道德修养影响的将是人的一生，甚至是一代人乃至几代人的健康成长。

（5）全面性。教师的职业道德强调教书育人是根本，提倡爱岗敬业，要求以身作则、尊重信任学生，倡导廉洁从教等。这些充分体现了教师特有的职业理想、态度、职责、形象、良心、信念和情操等要求。

1.2　师德的力量

1.2.1　师德对教师个体的意义

（1）良好的师德是实现自我完善发展的需要。以德立教，师德是教师职业素质的第一要素。教师首先是一个个体，师德在教师个体不断完善发展自己的过程中占据着重要的位置，发挥着重要的作用。一位教师的师德如何，从某种意义上来讲，要比其专业知识和技能的高低更为重要。因此，良好的师德是实现教师自我完善发展的需要。

（2）良好的师德是教师最有效的教育工具。古人云："染于苍则苍，染于黄则黄。"毫不夸张地说，一个人格高尚、威信崇高的教师本身就是令学生信赖爱戴的楷模，其言行举止都会对学生产生深远的影响，学生往往确信其教育指导的正确性、真实性，从而"亲其师、信其言、效其行"。

教书育人，为人师表是教师的天职。教师不但应该具备专业权威，而且在人格上也应具备某种程度的感召力量，这样才能赢得学生的信赖。在对人、对事、对己等各个方面，诸如教师的组织能力、语言表达能力、行为上的果敢、作风上的刚毅等等，对教师权威的影响力起着或增强或削弱的作用。教师对学生心灵的影响不仅在于其教育内容，更在于其教育行为本身。教师心胸宽广的人间大爱、幽默智慧的语言、适度得体的举止、爱岗敬业和一丝不苟的职业态度、深入浅出的讲解、游刃有余的授业解惑、尽善尽美的职业追求等就是其最好的教育工具。

（3）良好的师德是教师专业化发展的助推器。任何一名优秀教师，之所以脱颖而出,在平凡的岗位上创造出不平凡的业绩,无不是在克服自我、战胜困难的过程中实现的,而支撑他们从容前行的力量就是良好的职业道德。

教师只有具备了高尚的职业道德,才有可能不断学习,加强同行间的交流,提高自己的知识素养和教学水平。教师的人格、品质、操守对学生的发展具有明显的影响力,良好的师德对学生人格的形成和学业的发展起着激励作用,影响着学生良好行为习惯的养成。教师专业发展源于教师的自觉,是教师对生命的感悟、理解和创造等内在因素决定的。师德则为激励教师发展提供了强有力的内在动力。

(4)良好的师德是教师幸福和快乐的源泉。

1)幸福源于对事业的追求,是师德修炼的目标。亚里士多德说:"幸福即是某种德性。"苏霍姆林斯基因"把整个心灵献给了孩子"而幸福;陶行知因"捧着一颗心来,不带半根草去"而幸福。幸福,是人人向往的生活目标。而真正的幸福源于创造、源于职业的成功。"使命—忠诚—献身"是新时代的楷模——大连海军舰艇学院方永刚最看重的字眼,正如他站在讲台上说:"今天我给你们上课,感觉很幸福……"

有人把教师的职业活动分为生存、责任和幸福三种境界状态,见表1-1,而把追求幸福作为教师师德修炼的追求目标。师德修炼的最高目标是引导教师在职业活动中找到幸福和快乐。一名幸福的教师就是师德高尚的教师。

表1-1 师德的境界

分类	境界	境界定义	境界特征
第一种	生存境界	把工作当成养家糊口的工具	为了活着不得不为之,无所谓激情;到点上班、铃响下班,没有对岗位的留恋;按时上课、批改作业、管理学生、按部就班做着自己的事情
第二种	责任境界	把工作当成一种职业	在道德、责任、纪律的约束下工作,爱岗敬业,忠于职守,勤于工作,保质保量完成任务
第三种	幸福境界	把工作当成一种事业	把工作当成生活的一部分,有发自内心的热爱情感;把工作当成生命的一部分,为了工作不计付出、不考虑个人的进退得失;把工作当成一种艺术,追求尽善尽美;把工作当成一种精神追求,是幸福和快乐的源泉

2)快乐的老师才可能培养快乐的学生。教师本身就是教育最好的力量,只有教师内心的平和快乐才会带给学生快乐的感觉和氛围,教师所教授内容的乐趣和教师充满感情的讲解带给学生的是一种快乐的体验,让学生在快乐中学到知

识、学会感恩、懂得道理，这也就是我们常说的寓教于乐。

1.2.2 师德对学校发展的意义

（1）良好师德是提升学校育人能力的重要途径。学校是育人的场所，学校的使命、教育的使命的实现，取决于从事教育工作的人员。立德树人教育根本任务的实现从根本上来讲取决于教师队伍的整体素质。

（2）良好师德是学校的核心竞争力。良好师德能促进教师个体的专业化发展；能推动教师的改革创新，不断探索新的教育教学方法；能促进教师团队建设，提升学校整体实力。学校的发展，其核心的竞争力不在于教学设备，而在于使用教学设备的人；不仅在于教师使用设备的技术技能，更在于使设备发挥更大效能的态度和责任。

（3）良好师德就是学校的品牌。德高才能"众望"，良好师德对外有利于树立形象，使学校有良好的声誉；对内有利于榜样效应的形成，积聚更多校园正能量。

1.2.3 师德对社会发展的意义

（1）良好师德是社会对教师群体的期望。教师肩负的神圣使命，决定了社会对教师比其他行业的从业人员有更高的品行要求。"学高为师，身正为范；学为人师，行为世范"就是社会的期待。教师在师德上赢得学生的心，学生便会产生仰慕之情并心悦诚服、心甘情愿地接受教师的教育，从而提高学习动力、效率。这就是教师的师德效应。

（2）良好师德是实施《公民道德建设实施纲要》的重要内容。师德是社会职业道德规范的重要组成部分，是教师行业特有的职业规范。2001年9月20日，中共中央印发了《公民道德建设实施纲要》，高度概括了社会主义职业道德的主要内容：爱岗敬业、诚实守信、办事公道、服务群众、奉献社会。随着现代社会分工的发展和专业化程度的增强，市场经济的竞争日趋激烈，整个社会对从业人员的职业观念、职业态度、职业技能、职业纪律和职业作风的要求越来越高。因此，在我们的社会主义社会里，要大力倡导爱岗敬业、诚实守信、办事公道、服务群众、奉献社会为主要内容的职业道德，鼓励人们在工作中做一个合格的建设者。教师因其职业的特殊性，不仅要不断提升自己的职业道德，而且在这一过程中要将这种精神和意识传给学生，从而推动社会中不同职业人群提升道德修养。

（3）良好师德楷模彰显着道德光芒，是社会的精神财富。最美女教师、新时代的道德楷模——张丽莉，社会对她的褒奖，就是对师德的修炼意义的诠释。张丽莉是教师中的杰出代表，社会中，有很多默默无闻的教师在贡献着自己的力量，他们早出晚归，舍小家顾大家；他们24小时开机，随时准备为学生答疑解惑……这是很多平凡岗位上教师的共同特点。他们或许没人知晓，他们的业绩或许不足称奇，但当伟大融于平凡中时，才更彰显了社会的进步。这样的道德光芒，是社会宝贵的精神财富。

1.3　典型案例分析

【案例1-1】

最美女教师——张丽莉

如果不是一场突如其来的灾祸，张丽莉的名字或许不会被我们所熟知。这位黑龙江省佳木斯市第十九中学的普通教师，这位处于花一样年龄的青年教师，是千千万万普通劳动者中的一名，她甘于平凡，默默奉献，也从没想过自己会在某一天被评为最美教师。也许正因为如此，这"最美教师"才显得更为可贵。

张丽莉一直希望成为一名光荣的人民教师，当她如愿以偿后，她便倍加珍惜，虚心请教老教师，主动帮助有困难的学生，认真准备好每一堂课，履行着作为一名教师的职责，实践着自己作为一名教师的梦想。然而2012年5月8日20时38分，在佳木斯第四中学校门前发生的一场交通事故却让这位美丽的女教师几乎失去了一切。事故发生时，年仅29岁的张丽莉不顾个人安危，奋力救护学生，自己却被碾在了车轮下，导致双腿高位截肢。

案例分析： 张丽莉老师舍己救人的这一举动绝非是前思后想权衡的结果，而是出于教师身份的一种本能，是对学生发自心底的最真诚的爱护。学生得救了，张老师却因此失去了自由行走的能力。心系学生的张老师在伤后醒来的第一句话不是关心自己的身体，而是关切地询问那几位学生的安危，她对学生的爱和保护令每一个人感动。就当人们担心张老师很难去接受失去双腿的事实，在考虑如何进行安慰和疏导的时候，张老师的乐观与坚强再一次让人们感动。她很快接受了这一现实，积极配合治疗，加强恢复锻炼，通过自己的不断努力，又重新站了起来。寥寥数笔，怎能描绘出过程中的伤痛和艰辛，只有心中充满对生活的希望，才会有如此大的毅力。她的世界是充满阳光的，正如她自己所说："无论是亲情、友情、师生情，每一份爱，都需要我们以无私的付出去维系，以真诚的沟通去经营，只要我们用心去关爱每一个人，我们的世界就永远是充满阳光。"正是因为心底有爱，充满阳光，张老师的眼前才没有阴霾，尽是光亮。

张丽莉的事迹并不只是一个故事，而是一种精神。最美女教师的精神实质值得我们每一个人特别是每一位教师思考。社会公德、职业道德、家庭美德和个人品德是我们在社会主义新时期对道德要求的四个方面，这四个方面紧密相连、密不可分。社会公德、职业道德和家庭美德是个人品德在不同层面的具体体现。张丽莉老师的事迹突显了个人品德在社会公德和职业道德方面的价值取向。舍己为他，回馈社会，这既是对关爱他人的社会公德的生动诠释，也是优秀师德的完美展现。张丽莉精神被全社会广泛学习和广为传颂，为营造社会价值和个人价值相统一的社会环境增添了一道风景。

张丽莉的事迹更体现出了爱岗敬业的职业道德的要求。张丽莉出生于教师世家，从小就立志于做一名人民教师，可以说，当老师是张丽莉的职业梦想。怀揣这样的梦想，怀揣着对教师职业的热爱，张丽莉走上了教师岗位。张丽莉老师的爱岗敬业精神不仅仅体现在那千钧一发的挺身而出，更体现在日常工作中的事无巨细。正是出于对教师工作的热爱，对教师岗位的崇敬，她才能不断地在自己的岗位发挥出光和热，才能够在关键时刻不顾个人安危去救学生。爱岗敬业孕育对信念的执著和守望。张丽莉一直视教师职业为自己的生命，把爱岗敬业的精神融入到自己的生命中，这是对教师职业的高度认同，也使她能够像爱护自己的生命一样去爱护学生。

【案例1-2】

教书先生的楷模——孔子

公元前551年9月8日，孔子出生于鲁国。

孔子早年丧父，家境衰落。他曾说过："吾少也贱，故多能鄙事。"虽然生活贫苦，孔子15岁即"志于学"。他善于取法他人，曾说："三人行，必有吾师焉。择其善者而从之，其不善者而改之。"他学无常师，好学不厌，乡人赞他"博学"。

孔子"三十而立"，并开始授徒讲学。凡带上一点"束脩"的，都收为学生。如颜路、曾点、子路、伯牛、冉有、子贡、颜渊等，是较早的一批弟子。私学的创设，打破了"学在官府"的传统，孔子由此成为中国历史上创办私学的第一人，并成为一名职业教师。

孔子曾为小吏，后辞官归鲁。

孔子一生都在从事教育事业，相传有弟子三千，贤弟子七十二人。在德行方面表现突出的有颜渊、闵子骞、伯牛、仲弓，在语言方面表现突出的有宰我、子贡，办理政事能力较强的有冉有、子路，熟悉古代文献的有子游、子夏。在孔子的弟子中，有不少人都干出了一番成就，这对于当时的政治，尤其是对于孔子思想的传播，对于儒家学派的形成和发展起到了重要作用。

孔子周游列国14年，从没有停止过教育活动。带着弟子到列国去周游，这本身就开阔了这些学生的眼界，磨炼了他们的意志。客观上说，这是一种具有特殊意义的教育活动。

纵观孔子的一生，他对学生的影响，一部分是通过言传，通过学习古代文献、传授各种技艺，而更多的、更为深刻的则是身教。他的勤奋好学，他对真理、对理想、对完美人格的追求，他的正直、善良、谦虚、有礼，他对国家的忠诚，都是孔子的高尚师德，也是孔子提出的教育原则。孔子爱教育、爱学生、诲人不倦，他能平等对待学生，做到教学相长。学生们对老师非常崇敬，当有人诽谤孔子时，学生们站出来为孔子辩护，捍卫孔子的崇高人格。孔子的弟子中，有些人几乎是终生陪伴着孔子，其情感之深，胜于父子兄弟。孔子死后，弟子们以对父亲之礼仪对待孔子，为其服丧三年。子贡在孔子的坟前盖了一间小屋，为孔子守坟六年。这位中国历史上创办私学的先行者，第一位职业教师，得到了弟子们的衷心尊敬。

孔子，创造了卓有成效的教育、教学方法，总结、倡导了一整套至今仍被继承和遵循的学习原则，形成了比较完整的教学内容体系，提出了一系列有深远影响的教育思想，树立了被后世高山仰止的师德典范。

案例分析：孔子说："子以四教：文、行、忠、信。"孔子所述的内容，除"文"之外，其余三项都是在讲道德教育。道德教育在教育过程中起着十分重要的作用。道德教育引领人生方向，给人指明前进的道路。作为教育者的楷模，孔子用他的实际行动，展示了他的教育理念。因材施教、有教无类、教学相长等等教育理念给予教育者各种指引和启迪，授之鱼不如授之以渔。当教师角色转换为学生角色之时，道理同样受用，师者，亦为学者，需要不断地学习教育的方法，特别是德育教育的理念和方法。

作为教师，特别是青年教师，教学相长的过程就愈加明显，对学生施以道德教育，也是对自身师德加强和提高的过程。

【案例1-3】

海归战略科学家黄大年

黄大年同志是著名地球物理学家，生前担任吉林大学地球探测科学与技术学院教授、博士生导师，东北地区第一批"千人计划"特聘专家。2009年，黄大年同志放弃国外的优厚待遇，毅然从英国剑桥返回祖国，被选为国家"深部探测关键仪器装备研制与试验项目"首席科学家。他积劳成疾，

2017 年 1 月 8 日不幸因病去世，年仅 58 岁。吉林省委、省政府追授他为特等劳动模范，教育部追授他"全国优秀教师"荣誉称号，中共中央追授他"全国优秀共产党员"称号。

黄大年同志对工作的热忱程度超越了废寝忘食的程度，多次因为超负荷的工作量而倒下，但他没有因为身体出现不适就停止或放弃，而是一如既往地、积极地投入到工作中去。工作中的他常常感觉时间不够用，正如他自己所说："每天晚上都是两三点睡，没有周末，没有周日。……不是我一个人这样，国家'千人计划'专家中很多人都是如此，默默无闻就走了。我对同事们也说过'我说走就走。'"

在国家利益和个人利益以及个人安危中，黄大年同志毫不犹豫地选择了国家利益。他说："国家在我心中是最高的，我没有敌人、没有朋友，只有国家利益。国家的强大是我的梦想，能放弃那么多回来，就是为了这个；干得那么累，还是为了这。"

黄大年同志是这么说，也是这么做的，他放弃国外优厚的待遇和优越的生活环境，在别人的不解和不舍中毅然决然地回到自己的祖国，他说自己欠祖国一份情，带着这样的情感，怀揣着强国的梦想，黄大年回到了祖国。

作为科学家，他带领团队，刻苦钻研、勇于创新，取得了一系列重大科技成果，填补了多项国内技术空白，为祖国在巡天探地潜海方面筑路铺桥、锻造利器，维护着国家的利益。作为教师，他是学生的"严师"和"慈父"。对待学生，黄大年既在学业上严格要求，又在生活中无微不至的照顾，通过自己身体力行的引领、春风化雨的关爱、心系祖国的情怀，殚精竭虑地履行着为师之责，取得丰硕的教学成果。

案例分析：习近平总书记在黄大年同志事迹中批示强调，我们要以黄大年同志为榜样，学习他心有大我、至诚报国的爱国情怀，学习他教书育人、敢为人先的敬业精神，学习他淡泊名利、甘于奉献的高尚情操，把爱国之情、报国之志融入祖国改革发展的伟大事业之中、融入人民创造历史的伟大奋斗之中，从自己做起，从本职岗位做起，为实现"两个一百年"奋斗目标、实现中华民族伟大复兴的中国梦贡献智慧和力量。

黄大年同志之所以能放弃国外优越的生活和工作条件，毅然回国，就在于"祖国在他心中"，就在于怀揣着报效祖国的"强国梦"。他之所以能总是满腔热情、不辞劳苦、只争朝夕，就是为了报效祖国。志存高远，他"没有敌人"、"没有朋友"、"只有国家利益"、"干得那么累"为的就是国家强大的这个梦！"我说走就走"的壮怀心声，是因为早已决心把自己的一切交给自己的祖国。他为师从教，殚心竭虑，提携后学，桃李芬芳。

　　黄大年同志是新时期教育工作者教书育人的杰出榜样，是留学归国人员爱国报国的先进模范，是践行社会主义核心价值观的时代楷模。他用毕生努力实现了爱国之情、强国之志、报国之行的统一，把个人梦想融入到实现中华民族伟大复兴中国梦的壮阔篇章之中，充分展现了一名新时期教育工作者和留学归国人员的奉献精神和崇高品格。他用自己短暂而闪亮的人生昭示着理想和道德的力量！

　　我们要学习黄大年同志对党忠诚、始终听党话跟党走的政治品格，自觉坚持正确政治方向，把毕生追求融入为党和人民事业不懈奋斗之中，做共产主义远大理想和中国特色社会主义共同理想的坚定信仰者和忠实践行者；学习他热爱祖国、立志为祖国和人民默默奉献的赤子情怀，始终把祖国的需要放在首位，做爱国主义的坚守者和传播者；学习他教书育人、为国家培养和凝聚人才的敬业风范，用战略视野和高尚师德涵养和造就国家急需的高端人才，做高瞻远瞩的教书者和育人者；学习他敢为人先、勇追国际前沿科技的创新精神，把赶超世界一流和抢占科技制高点作为攻坚克难的奋斗目标，做科技创新的开拓者和示范者；学习他无私奉献、为实现强国梦鞠躬尽瘁的高尚情操，将全部精力和满腔热情献给祖国，做实现中华民族伟大复兴中国梦的追梦者和筑梦者。

问题与测试

一、选择题

（1）2014年教师节前夕，习近平总书记在北京师范大学师生代表座谈会上强调，要做四有好教师，主要包括：要有理想信念、要有道德情操、要有扎实学识、要有（　　）。

A. 仁爱之心　　　B. 奉献精神　　　C. 高尚品德　　　D. 进取之心

（2）职业道德是指从事一定职业的人们在职业活动中应该遵循的（　　）的总和。

A. 职业行为习惯　B. 职业行为规范　C. 职业行为纪律　D. 职业行为活动

（3）师德是一种（　　）。

A. 社会公德　　　B. 职业道德　　　C. 家庭美德　　　D. 个人品德

（4）下列不属于教师职业道德特点的是（　　）。

A. 示范性　　　　B. 自觉性　　　　C. 全面性　　　　D. 独特性

（5）关于师德的论述，不正确的是（　　）。

A. 良好师德是提升学校育人能力的重要途径

B. 良好师德就是在建设学校的核心竞争力

C. 良好师德就是在培育学校的品牌

D. 师德是教师个人的事情，与学校无关

二、判断题

(1) 教师的劳动具有劳动主体和劳动工具的同一性的特点。（　　）

(2) 师德是一种职业道德。（　　）

(3) 具有良好的师德是培养优秀人才的重要保证。（　　）

(4) "四有"好教师，是指要有理想信念、有道德情操、有扎实学识、有仁爱之心。（　　）

(5) 道德是以善恶为评价标准的行为规范。（　　）

三、材料分析题

敬业与乐业（节选）

梁启超

我这题目，是把《礼记》里头"敬业乐群"和《老子》里头"安其居，乐其业"那两句话，断章取义造出来的。我所说的是否与《礼记》《老子》原意相合，不必深求；但我确信"敬业乐业"四个字，是人类生活的不二法门。

我征引儒门、佛门这两段话，不外证明人人都要有正当职业，人人都要不断地劳作。倘若有人问我："百行什么为先？万恶什么为首？"我便一点不迟疑答道："百行业为先，万恶懒为首。"没有职业的懒人，简直是社会上的蛀米虫，简直是"掠夺别人勤劳结果"的盗贼。我们对于这种人，是要彻底讨伐，万不能容赦的。今日所讲，专为现在有职业及现在正做职业上预备的人——学生——说法，告诉他们对于自己现有的职业应采何种态度。

第一要敬业。敬字为古圣贤教人做人最简易、直捷的法门，可惜被后来有些人说得太精微，倒变了不适实用了。惟有朱子解得最好，他说："主一无适便是敬。"用现在的话讲，凡做一件事，便忠于一件事，将全副精力集中到这事上头，一点不旁骛，便是敬。业有什么可敬呢？为什么该敬呢？人类一面为生活而劳动，一面也是为劳动而生活。人类既不是上帝特地制来充当消化面包的机器，自然该各人因自己的地位和才力，认定一件事去做。凡可以名为一件事的，其性质都是可敬。当大总统是一件事，拉黄包车也是一件事。事的名称，从俗人眼里看来，有高下；事的性质，从学理上解剖起来，并没有高下。只要当大总统的人，信得过我可以当大总统才去当，实实在在把总统当作一件正经事来做；拉黄包车的人，信得过我可以拉黄包车才去拉，实实在在把拉车当作一件正经事来做，便是人生合理的生活。这叫做职业的神圣。凡职业没有不是神圣的，所以凡职业没有不是可敬的。惟其如此，所以我们对于各种职业，没有什么分别拣择。总之，人生在世，是要天天劳作的。劳作便是功德，不劳作便是罪恶。至于我该做哪一种劳作呢？全看我的才能何如、境地何如。因自己的才能、境地，做一种劳作做到圆满，便是天地间第一等人。

怎样才能把一种劳作做到圆满呢？惟一的秘诀就是忠实，忠实从心理上发出来的便是敬。《庄子》记佝偻丈人承蜩的故事，说道："虽天地之大，万物之多，而惟吾蜩翼之知。"凡做一件事，便把这件事看作我的生命，无论别的什么好处，到底不肯牺牲我现做的事来和他交换。我信得过我当木匠的做成一张好桌子，和你们当政治家的建设成一个共和国家同一价值；我信得过我当挑粪的把马桶收拾得干净，和你们当军人的打胜一支压境的敌军同一价值。大家同是替社会做事，你不必羡慕我，我不必羡慕你。怕的是我这件事做得不妥当，便对不起这一天里头所吃的饭。所以我做这事的时候，丝毫不肯分心到事外。曾文正说："坐这山，望那山，一事无成。"一个人对于自己的职业不敬，从学理方面说，便亵渎职业之神圣；从事实方面说，一定把事情做糟了，结果自己害自己。所以敬业主义，于人生最为必要，又于人生最为有利。庄子说："用志不分，乃凝于神。"孔子说："素其位而行，不愿乎其外。"所说的敬业，不外这些道理。

第二要乐业。"做工好苦呀！"这种叹气的声音，无论何人都会常在口边流露出来。但我要问他："做工苦，难道不做工就不苦吗？"今日大热天气，我在这里喊破喉咙来讲，诸君扯直耳朵来听，有些人看着我们好苦；翻过来，倘若我们去赌钱去吃酒，还不是一样在淘神费力？难道又不苦？须知苦乐全在主观的心，不在客观的事。人生从出胎的那一秒钟起到绝气的那一秒钟止，除了睡觉以外，总不能把四肢、五官都搁起不用。只要一用，不是淘神，便是费力，劳苦总是免不掉的。会打算盘的人，只有从劳苦中找出快乐来。我想天下第一等苦人，莫过于无业游民，终日闲游浪荡，不知把自己的身子和心子摆在哪里才好，他们的日子真难过。第二等苦人，便是厌恶自己本业的人，这件事分明不能不做，却满肚子里不愿意做。不愿意做逃得了吗？到底不能。结果还是皱着眉头，哭丧着脸去做。这不是专门自己替自己开玩笑吗？我老实告诉你一句话："凡职业都是有趣味的，只要你肯继续做下去，趣味自然会发生。"为什么呢？第一，因为凡一件职业，总有许多层累、曲折，倘能身入其中，看它变化、进展的状态，最为亲切有味。第二、因为每一职业之成就，离不了奋斗；一步一步奋斗前去，从刻苦中将快乐的分量加增。第三、职业性质，常常要和同业的人比较骈进，好像赛球一般，因竞胜而得快乐。第四，专心做一职业时，把许多胡思、妄想杜绝了，省却无限闲烦恼。孔子说:"知之者不如好之者,好之者不如乐之者。"人生能从自己职业中领略出趣味,生活才有价值。孔子自述生平,说道:"其为人也,发愤忘食,乐以忘忧,不知老之将至云尔。"这种生活,真算得人类理想的生活了。

我生平最受用的有两句话:一是"责任心",二是"趣味"。我自己常常力求这两句话之实现与调和,又常常把这两句话向我的朋友强聒不舍。今天所讲,敬业即是责任心,乐业即是趣味。我深信人类合理的生活应该如此,我望诸君和我一同受用!

阅读本文,回答下列问题:

(1)作者怎样阐述什么叫"敬"?如何论述怎样才能做到"敬业"?

(2)作者举了怎样的例子来论述"乐业"的重要性?

(3)"第二等苦人,便是厌恶自己本业的人,这件事分明不能不做,却满肚子里不愿意做。不愿意做逃得了吗?到底不能。结果还是皱着眉头,哭丧着脸去做。这不是专门自己替自己开玩笑吗?"这段话对于在职教师来说,有哪些启发?

(4)"凡职业都是有趣味的,只要你肯继续做下去,趣味自然会发生。"作者是如何论述这个观点的?你认同吗,为什么?

2 师德的养成

春天，播种希望，

秋天，收获梦想。

成长，是种蜕变，

更是一种历练，

春华秋实，满园馨香！

2.1 中职院校教师师德的养成环境

2.1.1 中职院校教师师德现状

本书编者曾对"中等职业院校教师的职业道德现状"进行调研，结论如下：

（1）从事教师职业的动机选择存在多样性。中等职业院校的教师60%以上来自于非师范类院校，尤以专业教师、实习指导教师为甚。在职业选择动机调查中，30%教师选择"教师职业稳定，有安全感"，10%的教师选择"干什么都一样，挣工资吧"。只有40%左右的教师选择了"喜欢教师职业，适合自己"。因此，20世纪90年代中期以后新补充的师资基本上是从"找工作"的角度，侧重于将教师的"事业编制"、"工作稳定"、"寒暑假"、"工作比较轻松"等作为职业选择的条件，缺乏从事教育、尤其是中等职业教育的职业意识。中职院校教师从教动机的多样性，使得学校的师德建设工作任重而道远。

（2）对从事职业教育的职业信念和职业自信有待提高。随着社会变迁，中等职业教育在人们眼中正逐渐成为"社会底层"的教育、"兜底"的教育。在具有"学而优则仕"传统的国度、在一个学历本位的社会中，中职从教者的职业信心和自豪感受到强烈的冲击。特别是置身于生源大战的时候，这些孔夫子的门徒们尴尬至极。对自己所从事的职业教育，认为"前景广阔"的占40%，认为"发展艰难"的占40%。消极的职业前景评价难以形成从业者的事业心和责任感。为此，在"如果有机会，您还会选择到职业院校从教吗"的调查中，有近60%的被访者不能明确做出肯定的回答。对教师职业的社会声望，有21%认为"声望很高"，37%认为"地位一般"，24%认为"目前一般，但提高趋势明显"，15%认为"地位较低"，这在一定程度上也反映出从业者对于职业发展的愿望。

（3）对教师职业的性质与使命的认识需要进一步加强。47%的教师认同"教师是履行教育教学职责的专业人员"，53%的教师认同"教师承担着提高民族素质的使命"，44%的教师认同"教师承担着培养社会主义建设者和接班人的使命"，64%的教师认同"教师应以教书育人为天职"。其实上述选项均摘录于《中华人民共和国教师法》（以下简称《教师法》）的法律条文，但事实上并未得到高度的认可。

（4）对教师职业道德的价值认知较高。"身教胜于言教"，职教从教者对此有明确的认识，76%的教师能够将"教师的德行"作为教师的教育资源来选择。这种认知状态说明广大教师对于教师职业的特殊性有比较充分的认识，具有扮演好教师角色的基础。57%的教师表达了接受教师职业道德教育的需求，但也有39%的人回答为"没有"或者"无所谓"。

（5）处理与学生关系方面具有一定的智慧与能力。69%的教师认为教师用"你们以前学习不努力，导致中考失利，才上的中职院校。如果再不用功，你们就真没什么希望了"的语言对学生进行教育是不妥的。因为如此说法暗示着学生选择中职院校的无奈和以往学习的失败，不利于中职学生自信心的重塑，难以创造和把握教育契机。64%的教师表示即使对班里的"刺头儿"也"没有过放弃教育甚至驱逐出班级的念头"。60%的老师为了"加强沟通，了解学生思想动态"而与学生家长联系，只有22%的老师表示与学生家长联系"更多的是因为学生犯了错误"告状的。对于在课堂上诸如玩手机等违纪行为，有76%的老师选择"反复制止，若因此影响到继续授课，就等到课下再说"，而不会纠缠于此失去教育教学的主动权。

（6）在处理教师群体的关系上能够明确是非。65%的老师表示在评优活动中同事们能给予公正的评价；在学生教育管理过程中遇到困难的时候，有71%的老师表示"自己解决有困难的，就求得别人的帮助"，20%表示"独立解决，不求他人"，5%的老师回答为"即使自己解决起来有困难，也不愿意别人插手"，只有1%的人回答"干脆，把困难推给别人"。有64%的老师对自己所在部门表示肯定，认为已经形成有效的教学团队了。

2.1.2 中职院校教师师德的社会期待

2.1.2.1 职业教育发展对师资队伍的需求

2010年《国家中长期教育改革和发展规划纲要（2010—2020年）》提出："职业教育要面向人人、面向社会，着力培养学生的职业道德、职业技能和就业创业能力。到2020年，形成适应经济发展方式转变和产业结构调整要求、体现终身教育理念、中等和高等职业教育协调发展的现代职业教育体系，满足人民群众接受职业教育的需求，满足经济社会对高素质劳动者和技能型人才的需要。"

2014年6月，国务院印发《国务院关于加快发展现代职业教育的决定》（以下简称《决定》），全面部署加快发展现代职业教育，提出到2020年，形成适应发展需求、产教深度融合、中职高职衔接、职业教育与普通教育相互沟通，体现终身教育理念，具有中国特色、世界水平的现代职业教育体系。《决定》的出台，给职业教育发展注入了强劲动力，更指明了我国职业教育未来发展的方向和要走的道路。

《决定》提出，要牢固确立职业教育在国家人才培养体系中的重要位置，以服务发展为宗旨，以促进就业为导向，适应技术进步和生产方式变革以及社会公共服务的需要，培养数以亿计的高素质和技术技能人才。

职业教育在我国社会经济发展中的战略地位，是对全体职教人的巨大鼓舞，也是赋予职教人的重大历史使命，更是对职教人提出的明确要求。职业教育一系列改革设计，最终都需要师资队伍的具体落实。

百年大计，教育为本；教育大计，教师为本。教师是知识的传播者、文明的培育者；教师是人类灵魂的工程师；教师是春蚕、是蜡烛、是园丁。这种种称谓，既体现出人们对教师的尊重，也体现出教师的奉献精神。从另一角度来讲，这些称谓既是赞誉，也是约束，体现了社会对教师的一种期待。

社会对教师工作有着很高的期待，人们要求教师既要有专业的教学技能，又要有崇高的职业道德，这就使得教师身上肩负的责任重大。

2.1.2.2 党和国家的期望

（1）做"四有"好教师。2014年教师节前夕，习近平在北京师范大学师生代表座谈会上强调："合格的教师首先应该是道德上的合格者，好教师首先应该是以德施教、以德立身的楷模。要积极引导广大高校教师做有理想信念、有道德情操、有扎实学识、有仁爱之心的党和人民满意的好教师。"

（2）做学生的"引路人"。2016年9月9日，习近平总书记到北京八一学校看望慰问师生时强调："广大教师要做学生锤炼品格的引路人，做学生学习知识的引路人，做学生创新思维的引路人，做学生奉献祖国的引路人。"

（3）师德师风建设的"四个统一"。2016年12月7日，习近平总书记在全国高校思想政治工作会议上强调："教师是人类灵魂的工程师，承担着神圣使命。传道者自己首先要明道、信道。高校教师要坚持教育者先受教育，努力成为先进思想文化的传播者、党执政的坚定支持者，更好担起学生健康成长指导者和引路人的责任。要加强师德师风建设，坚持教书和育人相统一，坚持言传和身教相统一，坚持潜心问道和关注社会相统一，坚持学术自由和学术规范相统一，引导广大教师以德立身、以德立学、以德施教。"

2.1.3 中职院校教师师德养成的现实考验

教师的职业是神圣的，但是教师不是"神"，他们就生活在具体的现实生活中。中职院校的生存现实，在一定程度上影响了中职院校教师的职业道德成长环境。

（1）职教改革对教师自我发展的压力。社会经济的发展对职业教育的要求越来越高，"双师型教师"、"一体化"教学等对教师的专业能力和职业技能的要求高于以往任何时候。普通教育的教师可以在学科体系下深造、钻研，而职业院校的教师们则必须在基于工作过程的课程建设、教学改革等方面下大工夫。相对于普通教育的教师来说，职业教育的教师参加企业实践活动，既是国家的政策要求，也是适应职业教育改革发展的必须。专业研究能力、教学科研能力、实践操作能力、学生教育转化等能力的提升，使得职业教育、职业院校教师的发展压力超过以往任何时期。

（2）遭受招生困境的教师尊严。国家对职业教育的改革，最能牵动办学者神经的莫过于"生均拨款"政策。招生人数、在校生人数直接与学校的经费挂钩、与教职工的绩效工资挂钩。吸引学生报考，一靠学校的办学质量和声誉，二靠的就是招生的策略和声势。前者需要长久之功，后者则为解渴捷径。于是乎在校长、老师们的眼中，多招一名学生就多一份经费，为了学校的生存，为了完成招生任务，老师们不得不在酷暑中奔走。"师道"在天，教师的"自尊"难寻，教师的职业道德何以修养？

（3）职业院校生源的质量普遍下滑。不论是中职还是高职院校，学校的老师们总是在感叹，怎么学生"一拨不如一拨"？在目前的中高考报考机制中，中、高职院校都是志愿表中的末项选择。职业院校的学生中，"非意愿入学"占主要比例，基本上是因为中考、高考成绩不理想"被甩下来的"，实际上就是普通教育的"失败"学生。他们的学习动力不足，学习方法和学习习惯差距较大，行为的规范性更是成为学校关注的"焦点"。但是为了尊重学生，就如同在问卷中关于"同事在教育学生时说：你们以前学习不努力，导致中考失利，才上的中职院校。如果再不知道用功，你们就真的没什么希望了"的问题设计一样，职业院校的教师们不得不小心翼翼地回避这些问题。他们在对"失败的学生"进行着学生"成功"的教育，在教育实践中面临着越来越多的特殊道德考验。

2.2 中职教师师德养成的条件与内容

2.2.1 师德是自身修炼的产物

2.2.1.1 师德不是天生的

此处之师德，是指教师个体所具有的，或者所体现出来的符合社会师德规范的个人品质。人之初，本无性。对于教师个体来说，其是否具有良好师德品质，不是天生，而是后天教育、养成的结果。

2.2.1.2　教师个体的师德是参差不齐的

师德高尚者、师德低劣者，是社会师德规范在教师个体身上反映的多与少的问题。我们必须要正确认识职业院校教师的师德素质差异。

首先，从毕业生的校际来源看。来自于职业技术师范院校的毕业生对职业教育和职业院校教师有比较多的了解，来自于普通师范院校的毕业生虽有对教师职业的认知但对职业教育了解不多，来自于非师范类普通高校的毕业生则对教师职业了解甚少。

其次，从毕业生的社会经历看。职业院校教师选择的对象，不仅包括应届毕业生，还会从社会人员中招收具有一定企业生产经验和技能的人员。从校门到校门的高校毕业生缺乏社会经验，容易产生职业挫折，失去对教师职业的信心。来自于社会招聘的教师，有着一定的社会经验，但其已然形成的个人生活、行为习惯等方面难免与学校环境发生冲突。

再次，从在职教师的结构来看。学校的教师群体在职业经历上有新入职教师和在职多年的教师；在年龄上有年轻教师、中老年教师；在专业技术职务等级上有初级职称教师、中级职称教师、高级职称教师；在承担的工作上有班主任教师和非班主任教师等。他们在师德素质方面存在着较大的差异，职业院校希望"毕其功于一役"的教师职业道德教育策略难以奏效，必须根据不同的群体特点，采取不同的方式方法，有针对性地开展教育培训。

2.2.1.3　个体的师德是变量

教师个体在职业活动中受到主客观环境的影响，其师德素质是可变的，特别是在外在的"师行"上会有天壤之别。有的越来越崇高，有的则越来越低下，甚至触犯底线。影响师德的因素，如在一个校风醇厚的校园里、在一个优秀的充满正能量的环境中、受到榜样人物的鞭策、受到表扬的激励等；家庭的变故、工作中出现失误受到的"打击"，受到不公正的待遇；校风污浊，难以做到出污泥而不染。

2.2.1.4　良好师德是修炼的结果

"修炼"两字合用，多见于道家典籍，原指道家的修道、炼气、炼丹等活动，如《黄帝阴符经》："知之修炼，谓之圣人"；现在则多指为实现某种理想信念或技术、技能目标而进行修养和锻炼的过程。

"师德修炼"，就是指教师进行师德修养和锻炼的过程，是包括隐性的内在品质和显性的外在特征修炼的复杂过程。

2.2.2　中职教师师德的内化

2.2.2.1　师德内化的过程机制

个体和群体是辩证统一的关系，个体组成群体，群体由个体构成。教师队伍的师德水平是由每一个教师个体的师德水平体现出来的，但不是简单的叠加过程，而是一个有机的综合的考量过程。

要实现社会师德规范成为教师个体师德自觉，必然经历一个社会认知战胜个体认知的矛盾冲突过程，即师德的内化过程。从心理学角度分析，这种内化过程存在认知—服从—反思—同化—内化—外化的一系列心理发生机制：

（1）认知过程。主要是指对社会认可的教师职业道德规范的认识与掌握。凡作为教师，必须懂得教师职业道德规范。只有具备相应教师职业道德知识并通过考核者才可能获得教师从业资格或者从教岗位。

（2）服从过程。任何教师，无论其对所从事的职业和职业道德规范如何评价，无论是否自愿，其必须服从，否则将受到惩罚。

（3）反思过程。在服从并执行职业道德规范的过程中，教师会自觉或不自觉地对照职业道德规范来评价自己的行为及结果，从而对教师群体的职业道德形成自己的价值判断。

（4）同化过程。通过实践和反思，教师不再是被迫服从而是在实践中感受到职业道德的智慧和价值，自愿接受并不断修正自己原有的道德意识和观念。

（5）内化过程。教师个体从内心深处接受了国家、社会和学校倡导的职业道德规范和要求，逐渐成为自己进行价值判断的标准和追求。

（6）外化过程。就是职业道德开始由教师个人内隐的意识形态转化为外在的、能够改造自身和他人的客观行为，成为一种高度的道德自觉，使教师在职业言行和道德行为习惯等方面"换了一个人"。

2.2.2.2 师德内化的条件

作为教师个体的师德是在后天的实践中习得的，但由于认识能力、实践经历和环境等的差异，难以保证其与社会认可的教师师德规范的一致性。故此，社会、组织、学校，势必施加外力影响，以实现个体师德与社会师德规范的统一。

内因是变化的根据，外因是变化的条件。师德修炼过程中的这种内化过程需要个人的主观追求，也需要外界的压力和动力，是主客观共同作用的结果。

"摸着石头过河"是一种实践方式，"船到桥头自然直"也是一种规律性的认识。但是这种等待"自然熟"做法的问题在于一是周期长短不确定，难以满足现实的教育教学改革需要；二是必然会付出"摔跟头"、"碰破头"的代价。

抛开校园外的社会因素影响，工作和生活的学校就是教师职业道德修炼的主要场所。学校与教师之间存在着管理与被管理的关系，是一种基于职业生存和发展的影响关系。学校对教师职业道德成长的作用至关重要。

为此，对于与自己具有隶属关系的教师，职业院校对教师职业道德成长的责任就在于促使这种内化过程的加速实现。

2.2.3　师德修炼的首要内容

人的行为是受心理影响的，教师的心态直接影响自己的教学行为，教师的教学行为不仅影响自己的感受，而且更会影响学生的学习和发展，心态决定了教师的言行和德行。师德修炼要从心态开始。

（1）职业心态——认同的心态。"事业编"、"铁饭碗"在社会中还有一定的光环，因此，教师从教的动机存在多元化。经常听到身边老师的牢骚：对学校的不满，对学生的不满，对生活的不满。其主要原因就是缺乏对自己职业的认同感，缺乏对本职工作的敬畏、感激和担当。当选定教师作为自己的终身职业时，我们就要对它充满崇敬的心，让自己在从事的教学工作中得到快乐和幸福的感觉，这样我们每天都会拥有快乐的心态。

（2）工作心态——乐观的心态。在工作中，不同的心境带来不同的效果。如果是带着怨气工作，则会觉得事事不顺心，从而导致对工作失去应有的热情，最终将一事无成。如果是用乐观的心态对待工作，在工作中寻找乐趣，那么将会越来越热爱自己的工作。

乐观的心态不是别人恩赐的，而是取决于个人的价值观、方法论。你能容人，就会乐观；你能助人，就会乐观；你能克制自己的欲望，就会乐观；你能取得成绩，就会乐观。

（3）学习心态——上进的心态。当教师保持一种良好的心态，不断加强自身修养，提高心理素质，讲好每一节课，与学生交朋友，才有利于学生们成长。

在大力提倡"以人为本"，创建和谐社会的今天，教师要不断调整心态，完善自我，努力改进自己的工作方法和工作作风，用自己的好心态去得到学生的认可、接受和尊重，使自己成为学生心中的好老师。

上进的心态实际上就是一种责任的体现。当我们提出工作要求的时候，一些人说"我不想当官，我也不缺钱"。言外之意，我没什么野心（上进心），所以我也不需要努力地改变自己。须知，上进心虽然是个人品质的体现，但却是岗位的需要，不是单纯的个人问题，必须为之。

（4）交往心态——平等的心态。教师应该从心底里去关心、热爱、尊重自己的每一位学生，真诚地去与学生们进行交流和沟通，这是教师取得成功的基本条件。

"弟子不必不如师，师不必贤于弟子。闻道有先后，术业有专攻"，为师者都有大学以上的文凭，有很强的学习能力，千万不能把自己作为标杆来衡量自己手下的"弟子"。当今社会环境下的中职学生，基本上是传统升学教育的"弃儿"，他们的学习行为、学习习惯等方面有很多缺陷。但他们也有自己的理想和人生，他们更需要教师的尊重。

尊重学生，体现了师生之间的平等地位，是师生之间实现有效沟通的最基本条件。教师与学生交往，应该弯下腰来、耐下心来。如果始终是让学生仰视你，那学生总有一天"脖子会累得发酸的"！

（5）生活心态——知足的心态。教师要学会用知足的心态去面对生活。要正确看待自己的名利，不要把学生当成自己追名逐利的工具。不要急功近利，更不能好大喜功，只重视追求短期效益，不重视学生的终身发展和全面发展。

当今的社会，虽然在倡导社会主义核心价值观，但多元化价值观的存在不容否认。社会生活中，有坐汽车的、有骑毛驴的；有升官发财，有原地打转不动的；有过上小康生活的，有吃社会救济的。面对着过去的同学们身上的光芒，千万别觉得太扎眼了。学校不是一块净土，风尘沙粒也会钻进围墙。"安贫乐道"、"知足常乐"，况且当今教师的社会经济地位在不断地提升，我们作为"教育人"，应该坚守自己心里的一块净土。

知足才有心理平衡；心理平衡才有正常的、乐观的、积极的心态，才能自觉地按照规则行事，才能按照事物的规律行事。

在职业心态修炼的前提下，要依据《中小学教师职业道德规范》、《中职学校教师专业标准》等文件要求进行师德规范的修炼；要进行专业知识和专业技能修炼，练好教育教学基本功，做一名德才兼备的、合格的人民教师。

2.3 中职教师修炼师德的途径和办法

2.3.1 师德教育培训的作用

（1）使职业院校教师掌握职业道德规范。知是行的前提。遵守职业道德，是对每一名教师的无条件要求，无所谓自愿还是被迫。通过教育培训，教师掌握国家层面的、行业层面的、学校层面的各种职业道德规范和要求，这是教师执行、遵守规范的前提条件。

（2）使教师掌握职业道德修养的方法。道德强调自觉。教育培训只是一种外在的因素，对教师职业道德成长起根本性作用的因素还必须是教师的自我锻炼、自我改造和自我提高的修养活动。但能否进行自觉的道德修养，能否掌握科学的职业道德修养方法，需要通过教育培训来加速完成。

（3）刺激教师形成加强职业道德修养的需要和动机。道德品质的形成需要情感、意志。加强职业道德教育培训，表扬先进、鞭挞落后，营造弘扬、倡导高尚职业道德氛围，就是在表明职业院校的态度和要求，向从教者传达了职业道德规范必须得到遵守和执行的意志，使教师懂得不论自己是否真正接受都必须服从，不得违之，由此保证最基本的教育教学秩序。

（4）形成职业道德规范必须得到遵守和执行的效应。道德也需要他律。遵守职业道德是教师职业成长的必须要求，在教师资格证的注册、教师职务聘任、年度考核、绩效工资等环节都提出了"师德一票否决"。教师要在教育职业中获得成功，就必须不断加强师德修养。教育培训有助于教师分辨是非、明确责任，不断提高自身加强教师职业道德修养的自觉性和主动性。

2.3.2　师德修炼，重在自修

（1）学习。教师是知识和掌握知识方法的传授者，自我学习、自主学习能力彰显着教师职业的特性。荀子认为，道德养成教育实现的方法和途径就是学习、践行、积累、修身、榜样、陶冶。

自学是一种主动修养的过程，读书是自学的主要方法。这种读书学习，不仅包括专业知识、专业技能的学习，而且也包括职业道德修养本身。学习专业知识和教育教学技能，能不断提高教师的业务能力，不断增强职业的成功和自信。学习思想政治理论和道德修养的知识和方法，能够提高辨别是非善恶能力，不断明确自身道德修养的意义，强化职业道德修养的内在动力。

教师的读书学习，不是教师个人的私事，可有可无，而是学校提升师资队伍整体素质和水平的必要条件，必须为之。读书学习不是一种"快餐"，需要慢慢咀嚼才能体会其中的"味道"，要特别强调学习和实践的辩证关系，重在践行。知识的积累、道德的修养需要"慢工出细活"，正如在《劝学》中荀子告诫人们，"学不可以已"，必须持之以恒，"不积跬步，无以至千里。不积小流，无以成江河"，把读书、学习、思考、实践、反思等结合起来，通过学习的制度化逐步养成教师读书学习的习惯。

（2）经验交流。经验来源于实践，是对实践体验的理性提升，对于处在相同职业环境中的人们往往更具有借鉴的意义。对新入职教师或者青年教师采用经验交流方法较为有效。

此处的"经验"包括他人的、自己的经验和教训。"站在别人的肩膀上"，就能看得更远。他人的经验，无论是成功的经验，还是失败的教训，对于自己来说都是知识，都是财富。

（3）体验活动。要认真学习榜样的先进事迹，用榜样的精神鼓舞自己，树立自身师德修养的标杆；教师要积极参加各级组织举办的师德演讲、师德辩论会、师德知识竞赛等活动，在师德认知和师德情感等方面不断得到强化。正确对待师德考评工作，从周围的评价中发现自身不足，持续改进。

2.3.3　师德修炼，强调反思

2.3.3.1　教师的反思

教师反思，是指教师在教育教学实践中，以自我行为表现及其行为依据进行解析和修正，进而不断提高自身教育教学素养和效能的过程。反思一方面是指它是一个过程，要经过意识期、思索期和修正期，另一方面是指教师要经过长期不懈地自我修炼，才能成为一个专家型教师。

教师反思的对象应当是自己本身的教育教学行为或者行为依据，因此反思的内容既包括教育教学的目的、目标和价值观、学生观、师生观等一般性的、教育哲学层面的问题，也包括与具体教育教学过程相关的教育教学方法、教育教学过程、教育教学行为等具体性问题。

2.3.3.2 反思的价值

美国心理学家波斯纳提出了教师成长的公式：成长＝经验＋反思。如果一个教师仅仅满足于获得经验而不对经验进行深入的思考，那么他永远是在"重复昨天的故事"。

在汉语的语境中，经验有两种用法：一种是用做名词，经验作为一种结果，是人经由实践所获得的知识和技能，这里主要指直接经验；另外一种是用做动词，经验作为一种过程，是人获得知识和技能所经历的实践和体验。

杜威曾经说："一个孩子仅仅把手指伸进火焰，这还不是经验；只有当这个行动和他遭受到的疼痛联系起来的时候，才是经验。因为从此以后，他知道手指伸进火焰意味着烫伤。"也就是说，仅仅有"手伸进火里"和"手被火烫伤"的尝试和经历，还算不上经验，"单纯活动，并不构成经验"；只有在此基础上建立了行动和行动结果的联系，即由此知道"手伸进火里，手会被火烫伤"，并因此指导未来的行动——以后不再把手伸进火里，以避免烫伤——才称得上经验。在这里，经验意味着经历和建立联系。

建立联系的目的是为了从经验中学习。杜威进一步说："'从经验中学习'，就是在我们对事物有所作为和我们所享受的快乐或所受的痛苦这一结果之间，建立前前后后的连接。"进行反思的目的就在于指导未来的实践，或者为了避免重蹈覆辙，或者为了"从一个胜利走向另一个胜利"。

2.3.3.3 反思的方法

（1）分析典型，样板指引。在教育领域中，涌现出了一批批卓有成效的教育实践家，他们的成长过程表现出了自我反思的价值和意义。对这些典型分析，可以为教师提供一个活生生的教育教学思想和方法的范型。他们的成功，对于教师的成长，在方法上起到指导作用，在精神上起到鼓舞作用。

（2）解剖自己，发现并克服不良的行为习惯。反思涉及一系列相应的态度和德性。这要求教师认真地检讨自己的言行。"教后感"、"教学手记"、"反思日志"可以记录教师自己对教学问题的思考，不知不觉中实现自身的职业成长。将来成熟之后，教师就会在教育教学过程中随时监控和调整自己的教育教学行为，追求最佳的效果。

（3）学习理论。要做到反思意识的觉醒、能力的增强，系统的理论学习是必要的。实践的困惑和迷茫反映出对理论理解的浅陋和偏离，只有将实践中反映出来的问题上升到理论层面加以剖析才能探寻根源，理论就是指点迷津的法宝。

2.3.4　师德修炼，关键在实践

就人类个体"凝道成德"的过程来说，是在具体的实践过程中来完成的。职业院校教师只有在解决道德冲突的实践中才能实现自身的道德成长。

（1）只有在实践中才会产生师德修养的需求。实践是认识发展的源泉，作为职业教育劳动的实践者，职业院校教师必须处理好个人与学校、个人与同事、个人与学生、个人与职业的关系，他们处于真实的职业道德环境中。在解决各种教育教学困境的过程中，教师自然就会产生对职业道德智慧的需要与追求，这样也就逐渐形成接受师德教育、加强自身师德修养的主观能动性。

（2）在解决道德冲突的过程中体会道德的力量。实践是一个切身体验的过程，在实践中能够分清道德观念的是非，能够评价道德价值的大小，从而对道德产生亲近感，使得教师对师德的接受逐渐由被动服从到主动接受、追求，提高教师对师德规范的接受的自觉性。

（3）在实践中磨炼职业道德意志。依康德而言，对教师进行师德教育的"根本在于意志力的培养，在于使其认同，形成一种责任、一种指向灵魂的善，在道德行为中依据主观的道德法则拥有道德判断及道德选择的能力"。在教育教学实践过程中，面对各种教育冲突、面对自身存在的"先天"的非道德因素，教师们时时刻刻都处于一种道德判断和选择过程，时时刻刻都处于一种不断战胜自我而倾向于"德行"的过程。

（4）在解决冲突过程中，积累道德智慧，强化师德情感。在教育教学实践中，教师每天都在接触学生、接触学生家长，应对着每天发生的各种事情。在各种道德冲突的情境中，教师利用自己的智慧，把道德原则和规范转变为自己切实能够解决道德冲突的行为能力。

（5）在教育教学实践中不断强化自己的职业道德。职业实践活动是检验一个人职业道德品质高低的试金石，也是职业道德品质价值实现的场所。在实践活动中，教师由有意识地把掌握的师德知识、规范运用于实践，到逐渐将其转化为对自己履行职业责任与义务的真诚信奉，实现了"内化于心"的过程，师德成为自己践行师德的强大动力和精神支柱。

2.4　中职教师的师德形成与发展规律

任何事物的发展都是有规律的，教师师德的形成也是如此。在师德修炼的过

程中，把握师德形成与发展规律有着重要的作用，只有遵循教师师德形成与发展的客观规律，才能更好地养成师德。

（1）立足自身道德起点，逐渐提升师德。师德与个体自身的道德水平是密不可分的，师德的形成与发展同个人道德水平的提升有着密切的相关性。因此，师德的形成与发展不是一个孤立的过程，而是伴随着个体道德水平的提升而逐渐提高的。普遍意义的道德是职业道德发展的基础，也就是教师师德形成与发展的前提，因此教师师德的提升起点实际上个人道德水平的起点，提升教师水平，是在提升教师普遍意义的道德的基础上进行的。

（2）通过参与教育实践，日趋完善师德。一位教师良好师德的形成和发展，是需要一个漫长的过程的。师德，作为职业道德的一种，需要在教育实践中得以提升。这就需要教师在教育实践中，对道德行动有明确的认同，也需要教师对道德行动产生良好的体验感受，这些都需要教师在具体的教育实践中进行。教师只有切实地参与教育实践过程，无论是具体的教学过程，还是作为班主任管理班级的过程，才能更好地磨炼自己，从而提升自己的师德水平，实现师德的完善。

（3）经由他律迈向自律，将师德内化于心。师德的形成与发展过程，实际上也是一个凝道成德的过程，是教师外在的职业规定转化为内在的主体获得性品质的过程，这也决定了师德的形成与发展的过程也必然是一个由他律逐渐变为自律的过程。

在这一过程中，首先，教师应该明确自己职业的意义，要明确职业理想、职业态度、职业责任、职业纪律内容和社会期许。其次，教师要在外在纪律要求的基础上，逐渐实现他律内化为自律，将外在要求转变为一种道德习惯，内化为自身的一种品质，实现师德成长的一次飞跃。

2.5　典型案例分析

【案例2-1】

青春·信念·责任——以最美的姿态站在教学一线

于娜，现任天津市劳动保护学校现代加工系专业理论教研组组长，虽然年纪轻轻，在学校却备受瞩目。自2005年参加工作以来，一直在教学一线工作，她热爱自己的职业，深深懂得教师这一职业的神圣，始终将教师这个职业，当做自己的事业奋斗，把全部的心血倾注到教育教学中，用辛勤的汗水培养了一批批人才，用真挚的感情收获了丰硕的成果。在具体的教学中，既重视学生德育教育，又不断探索开拓新型教学法，真正做到教书育人，取得了可喜的成绩。

执著追求，辛勤耕耘，硕果累累

2005年于娜老师来到天津市劳动保护学校，走上工作岗位，从事数控专业实习指导教学工作。"不爱红装爱武装"，在实训教学车间，穿着工装的于老师更显一份庄重和干练。从虚心请教到自信执教，一颗爱心，放飞希望，乐此不疲是于老师勇往直前、永不止步的潜在动力。于老师从教十余年，就像一部拧紧发条的机器，不停地运转着，她用自己的实际行动履行着一名教师的誓言，她爱岗敬业、无私奉献的精神，带动和感染着每一位教师，凡是与于老师搭档过的老师提起于老师都竖起大拇指，由衷地敬佩和称赞。记得于老师说过一句话："我有我自己的活法，有自己的工作原则，少说大话，多干实事，这样既充实，又能把当天的工作做完。"强烈的事业心和责任感促使于老师一步一个脚印地为着她所钟爱的教育事业耕耘着、奋斗着，把劳苦当做充实，把奉献当做自己的追求。

于老师比起学校里的老教师，虽然工作年限还比较短，但在这过去11年的工作生涯中收获了丰硕的荣誉和成果：2006年天津市技工学校系统"示范课"评选活动中，荣获"教学新秀奖"；2009年天津市中等职业院校"数控技术应用专业教案设计与说课"比赛三等奖；2009年、2010年指导学生参加天津市中等职业院校"天煌杯"职业技能比赛荣获一等奖……。这些年来，获得校内外各种奖励、荣誉达20多项。这些荣誉是她汗水的结晶，是她付出的收获和成绩的见证。

爱生如子，甘为人梯，良师益友好"娜姐"

春风化雨，润物无声，爱生如子，甘为人梯是于老师从教11年的真实写照。苏霍姆林斯基说过："没有爱，便没有教育。"的确，爱是人类永恒的主题，更是浇灌心灵的甘泉。熟悉于老师的学生和同事都知道，于老师是一位性格开朗活泼、做事耐心认真的人，正是这种性格，她对班上每一位学生都有着慈母般的爱心和姐姐般的亲和力。用她的话说"在我心里没有好班、差班，没有优等生和差等生，只有爱心、细心，缺少爱心的班主任工作是苍白无力的，因为爱是教育的源泉，爱是教育的核心。"她一直都在努力走进孩子的世界，去感受他们的学习与生活，了解他们的优点和不足，用真挚的情、浓浓的爱去感染每一个孩子，呵护他们健康成长，做学生的良师益友。所以，无论是年轻的老师还是她的学生，都喜欢喊她一声"娜姐"。

如今，于老师的很多已经毕业的学生都在不同领域取得了很好的成绩，升了职，买了车，有了房，这时，她又会经常善意的提醒他们戒骄戒躁，一定要谦虚，一定要心怀一颗感恩的心，用自己的努力与成功回报父母，回报母校，回报社会。

推陈出新，精益求精，不懈追求高标准

"教无涯，学亦无涯。"于老师在课后反思，感叹说："教学是一门艺术，是一门始终带着遗憾的艺术，为了不留遗憾，只有不懈追求了。"她对教学的认识的确有她自己的思想和见解。不管白猫、黑猫，捉住老鼠就是好猫。"只要学生能懂、会做、能考，我认为就算成功了。"于老师这么说，她对自己目前所带领的现代加工系专业理论教研组也是这么要求的。尤其是对于参加全市统考的学生，于老师总是利用课余时间、晚自习时间，给他们一个章节、一个考点地过关，给他们耐心地讲解，教诲不倦。在上好课的同时，她还积极投入到学校组织的各项教学研究活动中，参与了"创新'团队一体化'教学模式，提高教学质量"等课题的研究，荣获 2014 年天津市级教学成果二等奖；2015 年天津市劳动保护学校在宁夏巡讲《大赛引领，匠心传承》的视频短片，她也在其中参与了展示数控加工环节的策划工作。她作为主要成员参与天津市级课题"数控技术应用专业中高职实训模式衔接的研究与实践"的撰写工作；示范校建设期间她撰写的教学案例《增强教学三性　提升教师三力　提高教学质量》被收编到五篇优秀案例集中。

除此之外，于老师还积极参与学校各部门组织的各项活动，力争在多方面锻炼自己，提高自己。2014 年受聘全国"创新杯"说课大赛裁判，并以天津市领队身份带领天津市四所学校 4 名教师去浙江参赛，获得 1 个一等奖，2 个二等奖，1 个三等奖。2015 年 8 月参加全国教育技术职业能力"微课技术"培训后，参加全国技工院校专业课微型课教学比赛荣获二等奖；同年 12 月担任天津市中等职业院校"圣纳·新道杯"技能大赛现代制造技术赛项数控车项目裁判长。

一个个奖项的背后，是于老师勇于创新，不懈追求的见证。

这，仅是她教学生涯的缩影；

这，仅是她精彩人生的几个片断；

这，仅是她 11 年教学中的几个掠影。

从教 11 年，这一路走来于老师感悟颇多，她说，前面的路还很长，她将朝着这个目标，继续左肩担着爱她的学生，右肩担着她爱的课堂，用全部的爱和智慧去点燃这"红烛"的事业，让这爱与美的事业如同火炬，照亮每个孩子的天空。教师的工作是平凡的，但平凡中自有伟大；教师的工作是艰苦的，但苦中有乐，其乐无穷！

她就是这样倾注自己全部爱心，为学生的成长铺就一条阳光之路，付出自己全部精力，为党的教育事业增光添彩，是吐尽蚕丝的春蚕，是泪干化灰的蜡炬。冰心老人说："情在左、爱在右，走在生命的两旁，随时播种，随时开花。"真爱如雨，润物无声，育人无痕，作为人师，她爱生如子，用无私细致的爱心倾听花开的声音。十多年来，她把自己融入教育事业中，融入她所喜爱的孩子们中间。她用她的言行实践着那句老话："一切为了孩子，为了孩子的一切。"

她就是学生心目中的美丽女教师——于娜！

（节选自《天津市劳动保护学校教师风采录》）

案例分析：于老师的故事，给我们展示了职场"青椒"的成熟过程，不仅是娴熟的技能，更重要的是她对职业的认知与感悟，是教师德性的升华！

其一是源于对工作的热爱。能在数控加工专业的实训车间里"待得住"、"站得稳"的女教师是很难得的。面对着机器、面对着冰冷的工件、面对着灰色的工装，能坚持下来，而且取得出色的成绩，绝对不是外在的压力，而是一种内心的热爱与追求。"我有我自己的活法，有自己的工作原则，少说大话，多干实事，这样既充实，又能把当天的工作做完。"强烈的事业心和责任感促使她一步一个脚印地为着她所钟爱的教育事业耕耘着、奋斗着，把劳苦当做充实，把奉献当做自己的追求。

其二是源于良好的职业心态。于老师不以工作繁忙劳累为苦，而以之为乐，快乐的心态让于老师在工作的过程中收获了满满的幸福感，这种幸福感不仅仅是一项项骄人的成绩，更是教师职业给予内心的一种获得感和满足感。

"前面的路还很长，我将朝着这个目标，继续左肩担着爱她的学生，右肩担着她爱的课堂，用全部的爱和智慧去点燃这'红烛'的事业，让这爱与美的事业如同火炬，照亮每个孩子的天空。教师的工作是平凡的，但平凡中自有伟大；教师的工作是艰苦的，但苦中有乐，其乐无穷！"从作为谋生为目的的工作到以责任为担当的职业，再到倾注精力孜孜以求的事业，于老师的事迹展现了一名职业教育工作者勇于担当、甘于奉献的事业精神。

其三是源于反思自我，永不满足。教师成长的过程，也是教师师德修炼的过程。于老师在成绩面前并没有自满，而是不断地进行反思，不断地探索更好的教育方法，她以成绩为起点，不断踏上新的征程，为获得更大的成绩而努力奋斗。

问题与测试

一、选择题

（1）师德修炼是指教师进行（　　　）的过程。

A. 道德修养和锻炼　　　　　　　B. 理论水平提升

C. 教学能力提升　　　　　　　　　D. 教育经验提升

(2) 良好师德是实现(　　)教育使命的需要。

A. 立德树人　　　B. 教书育人　　　C. 传道授业　　　D. 教授知识

(3) 教师的职业活动分为生存、责任和(　　)三种境界状态。

A. 幸福　　　　　B. 成长　　　　　C. 快乐　　　　　D. 发展

(4) 陶行知先生"捧着一颗心来，不带半根草去"的教育信条体现了教师的(　　)。

A. 教育理论知识　　　　　　　　　B. 崇高的职业道德

C. 文化科学知识　　　　　　　　　D. 过硬的教学基本功

(5) 一般来说，素质教育主要由身心素质、专业素质和(　　)构成。

A　道德素质　　　B　社会素质　　　C　智力素质　　　D　身体素质

二、判断题

(1) 良好师德是实现立德树人教育使命的需要。(　　)

(2) 师德修炼的关键在于实践。(　　)

(3) 自修不是教师进行师德修炼的方法。(　　)

(4) 师德内化过程存在认知-服从-反思-同化-内化-外化等心理发生机制。(　　)

(5) 把工作当成一种事业是我们追求的境界。(　　)

(6) 良好的师德是教师专业化发展的助推器。(　　)

(7) 师德的形成与发展是教师外在的职业规定转化为内在的主体获得性品质的过程。(　　)

(8) 师德与个体自身的道德水平是密不可分的。(　　)

三、问答题

(1) 师德形成与发展规律大致包括哪几个方面？

(2) 师德修炼的内涵指什么？

(3) 师德修炼对教师个体有什么意义？

(4) 师德修炼学校发展有什么意义？

(5) 师德修炼对社会发展有什么意义？

(6) 师德修炼的内化过程的心理发生机制是什么？

(7) 师德修炼的首要内容包括哪些？

(8) 师德修炼的途径包括哪些？

(9) 教师进行反思的方法包括哪些？

(10) 为什么说师德修炼的关键在实践？

3 中职教师的职业认同

明道方可信道，
信道才能传道，
职业认同，
是植根于内心的一种肯定，
职业认同，
是幻化于外在的一种行动！

3.1 教师职业认同的含义

职业认同是一个心理学概念，指从事某项职业的人对自己所从事的职业进行综合评价后所得到的一种心理感受。

教师的职业认同，就是指教师对其从事的教育活动的价值与意义的认定，以及从中得到肯定的、积极的认知和情绪体验。一个有高度职业认同感的教师，能够在职业活动中感受到职业的幸福与快乐。

从"过程"的意义来讲，教师职业认同是教师个体与教师职业这两个方面持续地动态地相互作用的过程。教师的职业认同过程开端于个体从事教师职业之前（有的开始于接受教师职前教育之日，有的则更早，例如从小就有当教师的理想的人，可能从小就注意模仿学习教师的行为举止、言谈神情，从选择到坚定选择，立志从事教师行业的时间点上，便开始伴随教师职业生涯的过程）。起点不同，教师职业认同的程度是各异的。

从"状态"的意义来讲，教师职业认同是教师对自己的"教师特征"的认同状态，是教师对自己职业的认识、情感、期望、意志、价值观及对自己职业技能的感知。教师对职业的认识，是指教师对自己所从事职业的性质、功能、意义等的认识；教师对职业的情感，是指教师对自己所从事职业是否喜欢、教师在职业活动中的情感体验是积极还是消极等特征；教师对职业的期望，是指教师对于自己能否在职业活动中取得成就、能否发展成为优秀教师的期望；教师对职业的意志，是指教师对于当前从事的教师职业及当前工作环境的认知水平，是与教师的调动工作倾向和离职倾向相背离的方面；教师对职业的价值观是指教师对于所从事职业的评判标准和所要达到的目标。

有高度职业认同感的教师，应该是对教师职业的任职条件、职责、任务、劳动特点、纪律规范有充分了解的人，应该是真正愿意从事教师职业的人，应该是认可或者承认、接受教师的纪律规范并自觉践行的人，应该是倾尽自己的能力、智慧和情感从事教育的人，应该是在学生的成长中能够感受到幸福和快乐的人。

3.2　中职教师职业认同存在的问题

北京师范大学教育学部副教授、博士和震在通过对 10 所中职院校、1254 人被试的调查后完成的《中等职业学校教师素质状况与提高策略》中指出，中职教师的教育情感整体处于中等水平，对工作это比较满意，但教师的职业认同感明显较低，存在一定程度的离职倾向。有 30% 以上的教师认为在公共场合承认自己是中职教师没面子，47.7% 的教师承认虽然工作尚可但如果有机会还是愿意调离中职院校。

本书编者在开展的相关课题研究中得到如下数据：在职业选择动机调查中，30% 教师选择"教师职业稳定，有安全感"，10% 的教师选择"干什么都一样，挣工资吧"。只有 40% 左右的教师选择了"喜欢教师职业，适合自己"。对自己所从事的职业教育，认为"前景广阔"的占 40%，认为"发展艰难"的占 40%。在"如果有机会，您还会选择到职业院校从教吗"的调查中，有近 60% 的被访者不能明确做出肯定的回答。对教师职业的社会声望，有 21% 认为"声望很高"，37% 认为"地位一般"，24% 认为"目前一般，但提高趋势明显"，15% 的被访者认为"地位较低"。

不同的研究者、不同的时间、不同的被试，调查的结果大体一致，反映出中职院校存在的一些共性问题：

（1）教师对自己职业认识不清。有些教师对教师职业认识不清，包括对教师的职责，教师需要具备的能力，教师的工作要求，教师的职业发展方向等等，都没有较为清晰的了解和认识，这势必使得教师在工作的过程中产生一些问题。

（2）教师对自己的职业规划不细。一般来讲，作为一种职业，需要有明确的职业生涯规划。作为一名教师，应该对自己的教师生涯有所规划，规划出长远目标和近期目标，以及实现目标的实施步骤，细化每一个阶段的方案。有些教师可能由于种种原因包括对未来职业的不确定性、对职业的不了解而缺乏对职业的规划，因此在职业认同层面会有相应的缺失。

（3）教师对自己的职业定位不准。正是因为对教师职业认识不清、对教师职业规划不细，教师对自己的职业定位不准，不知道该向什么样的方向发展，是努力成为一名研究型教师，还是成为应用型教师；是应当专注于课程教学，还是应当倾向于学生教育管理；是安心于教育教学专业，还是着眼于行政管理工作，或者它们之间的侧重与精力分配，这些都需要教师对自己的职业和自身的优势有清楚的认识才能做出合理判断。

（4）教师对自己的职业选择困惑。有相当一部分教师做出教师的职业选择并非出于兴趣考虑，很大程度上只是想随大流，或者觉得教师收入稳定，受人尊敬，甚至有些教师做出职业选择仅仅是因为教师有寒暑假，或者是听从父母和亲属安排，在迷茫中做出选择。在这样的前提下，教师的职业认同感很可能不高。

（5）教师职业迷茫期和教师职业倦怠期。教师职业认同是一个动态过程，在不同的时期也会呈现出不同的特点。刚入职时，教师面临讲课、带班、各种活动等多重任务，面临教师与学生、教师与教师、教师与学校、教师与家长的多重关系，常常感到无所适从，会出现一个职业迷茫期。随着时间的推移及经验的积累，教师会逐步适应各项工作任务，呈现平稳的状态，但也会随着工作的重复和困难的出现而进入职业倦怠期，对待工作没有热情，若不能产生良好的教育教学效果，也会开始怀疑自己的能力，觉得自己不能胜任教师工作。

3.3 中职教师职业认同的层次

3.3.1 对教师职业的认同

"教师"不仅是一种称谓，而且也是一种职业，是社会分工的产物。在现代教育发展中，教师不是随便可以进入的职业。《教师法》第三条规定，教师是履行教育教学职责的专业人员，承担教书育人、培养社会主义事业建设者和接班人、提高民族素质的使命。教师应当忠诚于人民的教育事业。作为专业人员，合格的教师应当具备专业伦理规范、专业知识和技能、专业训练和资质资格等专业特征，在一定程度上具有不可替代性。

但是"家有半斗粮，不当孩子王"也是一种比较普遍的社会观念。在当今学校教师招聘工作中面临的共性问题就是，女生报考多、外省市考生多，男生报考少、本市考生少、211与985之类重点高校生源少，以至于"吸引优秀人才"投身教育事业已经成为国家战略。

"教师"与"中职院校教师"概念之间是包含与被包含的关系。如果一个人从来就不想当教师，那中职教师的职业认同也就无从谈起。如果有从事教师职业的意愿，那还有幼儿教师、中小学教师、中职教师、高校教师等不同的选择。就同属于中等教育的中学教师和中职教师而言，二者之间就存在着诸多的不同：面对的学生素质不同；教育的任务目标不同；教学与学生管理在工作中的精力分配不同；对教师职业技能的要求不同；教学环境的不同；教学经费或者教师福利待遇的保障等方面都有所差异。因此，中职教师的职业认同，首先表现为对教师职业的认可。

3.3.2　对职业教育的认同

中职教育是职业教育体系的重要组成部分，其现实责任是"使无业者有业，有业者乐业，乐业者成就其业"。它的特点主要是：

（1）具有较强的职业定向性，是对受教育者在一定水平的教育基础上进行从事某种职业或生产劳动所需要的知识和技能的教育。

（2）具有较强的实用性，主要是培养学生掌握必要的职业技能和职业发展能力，以适应将来的职业生活需要。

（3）具有普及教育的价值。中等职业教育是我国普及中等教育的重要组成部分，培养的是具有实际操作能力的一线技术工人。

（4）具有职业准备性，中职生毕业后基本上将直接走上工作岗位，不属于选拔式教育。

但是在现实社会生活中，有很多人，甚至不少的职教界人士，都认为职业教育是失败者的教育，都是中考、高考中被"甩"出来的学生。上高中、考大学，仍是很多学生、家长，也是社会的主流意识，普通高校比高职院校有荣耀，大学生比职校生更能实现向上的社会流动。我们到底该如何看待职业教育？

国家人力资源和社会保障部职业能力建设司负责人在 2017 年 6 月 9 日的讲话中表示，截至 2015 年底，我国技能劳动者达 1.65 亿人，占就业人员总量的 21%，高技能人才达 4501 万人，占就业人员总量不到 6%。他表示，总量严重不足、结构问题突出、人才断档等现象依然严重。近年来，技能劳动者的求人倍率（岗位数与求职人数的比）一直在 1.5∶1 以上，高级技工的求人倍率甚至达到 2∶1 以上，供需矛盾十分突出。应该说，在我国经济快速发展的时代背景下，职业教育有着广阔的发展空间。

但是，对于中等职业教育的前景，则存在着不同的声音。2015 年 5 月，我国提出了"中国制造 2025"战略，明确要求推进信息化与工业化深度融合，把智能制造作为主攻方向，启动智能制造工程，推动互联网在制造业领域中的深化应用。由此，工业生产的自动化技术将会得到进一步提高，在某些领域，原来由人所从事的工作逐渐为机器人所取代。作为主要培养一线操作技能型人才的中等职业教育受到极大的冲击。但辩证地看，工业 4.0 时代对中等职业教育既是机遇，也是挑战。只有认清形势，加快结构调整，提高人才培养质量，才能在职业教育中拥有一席之地。如果认识不到中职教育的希望，就很难对自己的教育职业做出选择的支撑。只有认识到中职教育的必要性和发展的前途，才能对中职教师这一职业充满力量和希望。

中职教师是履行中职院校教育教学工作职责的专业人员，要经过系统的培养与培训，具有良好的职业道德，掌握系统的专业知识和专业技能，专业课教师和实习指导教师要具有企事业单位工作经历或实践经验并达到一定的职业技能水平。认同中职院校教师的职业，不仅要认知自身专业性，还应当了解、认可和接受《中等职业学校教师专业标准（试行）》。这是国家对合格中等职业院校教师专业素质的基本要求，是中等职业院校教师开展教育教学活动的基本规范，是引领中等职业院校教师专业发展的基本准则，是中等职业院校教师培养、准入、培训、考核等工作的基本依据。

3.3.3 对自己任职学校的认同

教师不是自由职业者，而是都有一定的学校归属。具有高度职业认同感的教师，应当对自己任职学校有高度的认可，对学校的历史和文化、制度规范、福利待遇等认可，具有"校兴我荣，校衰我损"的感性和理性的认知，用自己全部精力和能力维护学校的利益和荣誉。在计划经济时代，学校教师都是人事分配派遣制度的产物，有一个是否情愿的问题。而在现代用人机制条件下，学校教师的招录工作是在双向选择的时代背景下完成的。从理论上说，新录用教师都是自己报名、参加考试，通过层层选拔，是在个人信誓旦旦的情况下才来到某一学校任职的，应该对所任职学校"十二个满意"。但现实是，由于入职动机不同、信息的不对称等情况，也由于入职后对学校环境的感受等因素，教师也可能对任职学校的态度发生变化。总之，如果缺乏对任职学校的认同，其职业活动就难以顺利展开。

3.3.4 对自己所属教学组织的认同

在职业院校内部，教师一般还会归属于一定的内设教学组织，例如基础教学部、专业教学部、智能制造学院、铁道电气工程系、新能源汽车教研室等。这些是教师在学校所属的基本教学组织，或者是"顶头上司部门"，是教师最经常打交道的"领导和领导机关"，是教师职业活动最基本的从业环境，直接影响教师对自身工作的感受，影响职业认同感。每一位职业教师只有对自己基层教学组织管理方式、工作氛围、教学效果等感到满意达到认同，才能更好地投身于教育教学工作中。

3.3.5 对自己所从事的具体教学岗位的认同

教师是一种职业，还有具体教学岗位的划分。在职业院校一般会有基础课教师、专业课教师、实习指导课教师的区分，还会有一体化教师、双师型教师的认定或划分。这些岗位的划分对教学内容、教学方法、教学环境以及对教师的素质、能力要求是不同的。教师的职业认同，除了对所在学校、所在教学系部、教研室等组织的认同外，还应当包括对自己具体工作岗位的认同。如果一名教师被分配担任实习指导教师，但其自身缺乏对劳动的尊重与热情、缺乏应有的操作实践技能，其就难以有职业认同。因此，对具体岗位的认同既包括具备胜任该岗位的工作能力，又包括对该岗位的热爱。

3.4　教师职业认同的特点与意义

3.4.1　教师职业认同的特点

教师的职业认同是和教师行业密切相关的，具备以下几个特征：

（1）教师的职业认同是动态发展的过程。教师发展是一个可持续的过程，其职业认同也是一个动态的、发展着的过程。教师的职业认同会随着学习过程不断深入而持续发展，从职业发展的角度看，职业认同形成不仅是对"现在我是谁？"这个问题的回答，而且还是对"我想成为谁？我将会成为谁？"等问题的回答。不论当初入职的动机如何，其只要进入了教师队伍，从事着教师职业，就都要不断增强自身的职业认同感，以达到理想的敬业、乐业的认同状态。

（2）教师的职业认同具有明显的个人特征。作为一种心理状态、一种心理过程，教师的职业认同受多种因素的影响。归纳起来看，一是个体对职业价值观的主观评定标准；二是职业所在的社会环境的影响。教师的职业认同并不完全是唯一的。教师的职业思维和职业行为的专业化，需要通过对教师的知识、技能、情感、态度等多方面的培养和完善来实现，教师根据价值观的不同，在处理这些特征的方式上是不同的。职业认同是一个多面体，教师个体在职业认同的形成过程中可以利用的资源各异，他们的家庭环境、受教育经历等都会对职业认同产生不同程度的影响。

（3）教师的职业认同具有层次性。教师的职业认同是具有层次性的，认同观念与教师各异的背景和关系相关。教师的成长环境、受教育背景、人生经历等等都会导致教师对自身职业认同有差异，这种差异是不可避免的。但是从另一个角度讲，这种差异也是可以趋同，随着教师从事工作时间的推移，经验的累积，教师的职业认同都会在各自的基础上有所提升。

（4）教师的职业认同具有阶段性。教师的职业认同是一个动态的、发展的、持续性的过程，教师的职业认同逐步发展到不同的阶段，这些阶段按照不同的划分标准可以理出不同的层次。从入职年限或者是类似教师职称的划分可以分为入职阶段、初级阶段、中级阶段、高级阶段；按照教师的心理和职业的契合度又可以分为迷茫阶段、初适阶段、适应阶段、自我否定阶段、反思阶段、再发展阶段，教师的职业认同在不同的发展阶段也会呈现出不同的特点。

3.4.2 教师职业认同的意义

职业认同对于医生、律师、教师等专业人员的专业情感、专业技能等方面的发展具有积极的促进作用。职业认同是所有求职人员对其拟进入的职业都应具有的起码的心理品质。一个求职人员如果对即将进入的那个职业没有一点的思想准备，那其在入职之后很可能会处于一种茫然的状态而无法很好地开展工作。

（1）职业认同促使教师不断地完善自我，努力达到合格教师的专业标准。教师对教师职业的认同度高，就意味着教师对教师职业的性质、功能、意义认识深刻；意味着教师在其职业活动中的情感体验是积极的；意味着教师对自己工作的成就期望是高的；意味着教师对于自己的专业技能的感知是胜任的；意味着教师把教师职业当成自我价值实现的需要；意味着教师的职业意志比较坚定。

教师若是对自己工作的意义等认识深刻，由于知乃情、意的基础，那么他对工作任务的完成就比较积极，就会比较自觉地去掌握完成任务所必需的知识、技能等。教师若是在工作中是快乐的，按照人趋乐避苦的行为原则，教师就会自觉采取措施、行为，保持这种快乐的状态。教师若是对自己的专业技能感到能够胜任，又对自己工作的成就期望高，教师就会对自己达到比较高的工作成就充满信心。教师如果具有较坚定的职业意志，那么其调动工作的倾向和离职倾向都较小，也意味着教师工作心态比较稳定，从而也就有较多精力用在职业活动上。教师若是把教学看做是自我价值实现的方式，那么他就会视教学为自己生命，会在态度上重视、情感上珍视，自觉采取行动实现自己的价值。

因此，教师专业发展的自我意识和教师专业发展的行为都与教师的职业认同密切相关，积极关注教师的职业认同对于教师专业发展的理论研究和具体实践都有重要意义。其更是提升教师生命质量，教师自我价值实现的需要。促进教师专业发展，需要从外部提出要求和提供支持，但外因通过内因作用，所以更需要激发教师自我专业发展意识，发挥教师在其专业发展中的主体作用。教师职业认同与教师自我专业发展意识和教师专业发展行为关系密切，增强教师职业认同度，是促进教师专业发展的有效途径。

（2）职业认同促使教师热爱本职工作，认真履行工作职责，创造工作业绩。认同教师职业，才会热爱学生，倾注心血；认同教师职业，才会教书育人，诲人不倦；认同教师职业，才会无怨无悔，无私奉献。对教师职业的认同，是教师主体意识与教师职业需求的一种契合，这种契合只有达到一定程度才会使教师个体将教师职业视为生命，工作之时，才会心甘情愿地付出并将这种付出作为本能的一种体现。

（3）职业认同促使教师感受到职业的幸福与快乐。有个人经过一个建筑工地，问那里的建筑工人在干什么？三个工人回答各异。第一个工人回答："我在盖房子。"第二个工人回答:"我在挣工钱。"第三个工人回答:"我在建造美丽的宫殿。"态度决定一切,像第一个人那样愁眉苦脸地对待自己的工作,再好的工作也不会有什么成效;第二个人为了生存的需要,为了多挣钱,也可能会很付出,卖力气,但难以有愉悦的心理体验;而第三个人,以快乐的心情面对平凡的工作,那么还会有什么样的困难不可以克服呢?同样,对于教师职业,有人只看到了工作本身,没什么喜欢不喜欢,自己就是教书的;有的人把教师看成一种谋生的手段,就是为了挣钱过日子;还有的人认识到自己教书育人的使命,把教师看做人类灵魂的工程师。看到工作过程中的意义和价值,体会到自身的职责,反映出内心对教师职业的认同,就会感受到职业的幸福与快乐。

3.5 提升教师职业认同的措施

(1)促进社会对教师职业的认可。社会对教师专业的认可,即是国家政府、社会文化、社会公众对教师职业作为一门专业存在的社会价值、社会地位等的认可。社会对教师专业的认可,是教师职业自身发展与社会尊师重教风气共同作用的结果。社会对教师专业的认可,就意味着社会对教师职业不可替代性的认可。社会认为教师职业具有不可替代性,就会给予教师较高的社会地位与待遇,社会公众、学校、学生及家长就会尊重教师、尊重教师的劳动。教师个体若是因为自己的职业活动而受到尊重,他对教师职业的认同度就会相应地较高。

(2)提高教师反思意识与能力。反思与教师职业认同紧密相连。安特奈克的职业认同理论认为没有反思,就没有自我。他强调要想把自我向教师发展,就必须发展反思技能。通过反思,(新手)教师把经验与他们的知识和感觉相联,愿意并能够把与社会性相关的东西综合到他们作为教师的自我形象中去。教师职业认同可以看做是教师在社会空间中对自己进行定位的过程。人们通过识别自己与他人的特定关系来确认自己在哪里和自己是谁。通过选择和拒绝在不同专业领域中其他机会的可能性,教师确认联系、弄清楚作为职业认同的重要组成部分的特征。

(3)提升教师的工作满意度。提高教师的职业认识、职业情感,引导教师积极的职业价值观,使教师更多地感受到教师职业劳动的情感回报是有效途径。教师若是把教师职业仅仅看做是谋生的手段,那么教师对于其职业活动的目的就仅仅是获得经济回报,那么他对工资水平的要求就较高,在相同的工资水平情况下,他对工资水平的满意度就较低。相反,教师若是把教师职业看做是自我价值实现的需要,职业活动就成了教师生命的一部分,即教师职业被看做是教师实现生命价值的场所,是个人生命力勃发与价值实现的载体,那么教师职业劳动的目的就不仅仅是经济回报,而是更重要的自我人格的完善和自我价值实现的需要。

（4）有针对性地增强不同群体教师的职业认同。按照不同的标准，教师可划分为不同的群体，比如按照性别可分为男女教师，按年龄或依照入职年限可分为青年教师、中年教师，按照专业又可分为专业课教师、基础课教师，按照职称又可分为讲师、高级讲师等。在教师职业认同诸因素中，不同群体的教师在职业体验、职业认识、职业情感、职业价值观、职业技能等方面会存在一定的差异。要根据教师群体的不同情况，有针对性地增强教师的职业认同，促进教师专业发展。

（5）加强教师的职业培训。每个行业都有每个行业的行业特点和行业要求。加强教师的职业培训，旨在帮助教师更快更好地或者说多一种途径认识教师行业的要求，理解教师的职责、教师工作技能等等，使新入职教师尽快适应教师岗位，使已入职教师更好地在本职岗位上发挥作用。

3.6　让教师成为让人羡慕的职业

2016年9月9日，习近平总书记在北京八一学校看望慰问师生时的讲话中强调，各级党委和政府要满腔热情关心教师，让广大教师安心从教、热心从教、舒心从教、静心从教，让广大教师在岗位上有幸福感、事业上有成就感、社会上有荣誉感，让教师成为让人羡慕的职业。"让教师成为让人羡慕的职业"是增强教师职业认同感的社会化工程。教育部部长陈宝生在《人民日报》撰文，进一步阐释了国家在提升教师社会地位，促进教师职业认同感等方面的战略规划，给人以无限的希望。

3.6.1　强化完善待遇保障，让教师在岗位上有幸福感

（1）组织上有依靠。增强为广大教师服务好、服好务的思想意识和行动自觉，做到政治上充分信任、思想上主动引导、工作上创造条件、生活上关心照顾，多为他们办实事、做好事、解难事。做广大教师的挚友、净友、贴心朋友，善于运用沟通、协商、谈心等方式做好思想工作，多了解他们工作生活中的困难，多鼓励他们取得的成绩和进步，支持他们充分释放自己的才华和创造力。

（2）工作上更体面。建设现代学校制度，完善内部治理机构，健全议事规则和决策程序，突出教师主体地位，切实落实教师在办学模式、育人方式、资源配置、人事管理等方面的知情权、参与权、表达权和监督权。加强编制管理，健全教职工补充长效机制，保证充足的人员配备，减轻教师的工作压力，让他们在工作之余细细品味生活的美好。

（3）生活上更有尊严。健全教师工资保障长效机制，实现稳步增长，确保不低于或高于当地公务员工资水平。健全符合教师职业特点的工资分配激励约束

机制，充分发挥绩效工资的激励导向作用。

3.6.2 支持教师建功立业，让教师在事业上有成就感

（1）促进专业成长。创新培养模式，完善高校、地方政府、中小学"三位一体"协同育人机制，优化专业课程，加强教育实践，健全质量保障，提升教师的社会责任感、创新精神和实践能力。抓好教师培训，落实 5 年一周期不少于360 学时的培训制度，分级分层分类开展各具特色的培训项目，提高培训的针对性和实效性。健全教研制度，发挥教学名师和优秀教师的示范带动作用，引领青年教师快速成长。鼓励教师大胆探索，创新教育思想、模式和方法，不断获得专业成长。

（2）优化管理服务。推进教育治理体系和治理能力现代化，进一步破解体制机制障碍和瓶颈问题，最大限度地激发教师的积极性、主动性、创造性。完善教师资格制度，实施中小学教师资格考试和定期注册制度改革，制定符合教育行业特点的教师聘用制度。深化职称制度改革，完善岗位管理，在中小学、中职院校中设立正高级岗位，打破教师职业发展的"天花板"。积极稳妥推进收入分配制度改革，给教学、科研人员更多经费使用权，更多创新成果使用、处置和收益权，充分体现知识价值。

（3）成就事业华章。引领广大教师始终同党和人民站在一起，站稳政治立场，明辨是非正误，全面贯彻党的教育方针，坚持社会主义办学方向，成为教育事业健康发展的压舱石。支持广大教师落实立德树人根本任务，努力培养德智体美全面发展的社会主义建设者和接班人，成为人才培养的根本力量。引导广大教师弘扬中华传统美德，弘扬时代新风，用社会主义核心价值观凝魂聚力，成为社会风尚的引领者。

3.6.3 弘扬尊师重教风尚，让教师在社会上有荣誉感

要让教师成为让人羡慕的职业，就要大力弘扬尊师重教风尚，使尊师重教思想深深植根于人们的头脑和血液中，内化为大家的自觉意识，外化为大家的自觉行动，让教师在社会上有荣誉感。

（1）厚植尊师文化。文化是民族精神的载体，是凝聚社会共识的纽带，必须把尊师文化建设摆在突出位置。深入学习习近平总书记关于教育和教师工作的重要讲话精神，学深悟透蕴含其中的尊师思想、立场、观点和方法，统领构建新时期尊师文化。继承发扬中华民族尊师重教、崇智尚学的优良传统，大力弘扬源远流长的中华优秀传统文化，奠定新时期尊师文化的民族根基。

（2）加强尊师教育。加强社会教育，通过报刊、电视、广播、新媒体、剧院、街道板报等多种渠道，营造全社会尊师光荣、鄙师可耻的浓厚氛围。加强校

园教育，把尊师文化作为中华优秀传统文化和社会主义核心价值观教育的重要内容，通过课堂教学、校园文化和社会实践多位一体的育人平台，帮助每个孩子从小埋下尊师的种子。加强学生家长教育，赢得他们对教师工作的理解支持。

（3）落实尊师行动。把尊师文化融入各级党委和政府治国理政理念和实践中去，把加强教师队伍建设作为基础工作来抓，坚持教育规划、资金、政策等要素优先向教师队伍建设倾斜。完善教师荣誉制度，深入做好长江学者奖励计划、教学名师、全国教育系统先进集体和先进个人、全国教书育人楷模等评选推选活动，鼓励地方结合实际设立荣誉奖项，构建中央和地方系统衔接、层次分明的荣誉体系。

3.6.4　自觉维护师道尊严，要增强成为好老师的使命感

习近平总书记强调，做好老师，要有理想信念、有道德情操、有扎实学识、有仁爱之心。他还指出，广大教师要做学生锤炼品格的引路人，做学生学习知识的引路人，做学生创新思维的引路人，做学生奉献祖国的引路人。成为好老师，做学生健康成长的引路人，既是总书记对广大教师提出的殷切希望，也是教师成为让人羡慕的职业的前提。

（1）自觉崇德修身。自觉坚定理想信念，忠诚于党和人民的教育事业，把党的教育方针贯彻到教育教学全过程；加强中国特色社会主义理论体系的学习，不断增强中国特色社会主义的道路自信、理论自信、制度自信、文化自信。自觉涵养道德情操，弘扬和践行社会主义道德和中华传统美德，做一个以德立身、德行天下的品行之师。自觉培育仁爱之心，树立崇高的职业理想和坚定的职业信念，爱岗敬业，以爱化人，浇灌学生心灵之花美丽绽放，滋润学生人格之树健康常青。

（2）夯实扎实学识。自觉树立终身学习理念，勤于学习、敏于求知，下得苦功夫，求得真学问。主动学习中外优秀经典名著，博览群书，丰富知识，深厚学养。积极站在时代前沿，刻苦钻研，充实新知，特别要提升专业素养，与时俱进地更新专业理念、升华专业知识。适应"互联网+"的时代需要，不断运用信息技术提高教学设计、教学实施、教学评价等专业能力，进而提高教育教学实效和人才培养质量。

（3）提高创新本领。自觉提高教育创新的本领，直面教育改革发展的重大理论和现实问题，大胆探索，勇于实践，不断创新教育思想理念、改进教学方式方法、破解育人瓶颈障碍。努力提高科技创新的本领，特别是高校以科研为主的教师，围绕国家需要、人民需求，努力取得辉煌的科技成果。不断提高创新教育的本领，成为学生创新精神的呵护者、创造能力的培育者、创业生涯的指导者，把大学生、职教学生培养成大众创业万众创新、建设世界科技强国的一代新人。

3.7 典型案例分析

【案例 3-1】

工作上的强人，生活中的诗人

如梦令·归途偶遇独流河

秋雨去潺别伏，碧空万里云铺。乡间小路归，风光如画沿途。偶遇，偶遇，独流美景驻足。

——杜永关

其实我们生活中并不缺少美，而是缺乏一双善于发现美的眼睛。作者一首简单的《归途偶遇独流河》，就能让读者感受到沿途的美丽风景，以及炎日中一丝秋雨所带来的惬意，仿佛和作者一同驻足美景之中。而恰巧这样一位文采斐然的作者就在我的身边，他就是基础教学部的杜永关主任。

杜永关老师是 1997 年来到学校参加工作的。初到学校的时候，学校条件比较艰苦，尽管是一所省部级重点校，但是无论教学设施，还是教学环境，都还处于起步阶段。学校仅有的一幢教学楼还是宿舍楼改建的，楼下上课，楼上住宿，连食堂都是临建的板房，条件与现在相比真是相差甚远。渐渐地一同来的几位教师都先后离开了学校，然而杜永关老师则始终毫无动摇地留了下来，因为心中对于职业教育的那份初心，也是出于对这所有着悠久办学历史的老牌职业院校的信心。在曾经的那些日子里，杜老师对于工作的执著始终如一，业务上虚心向老教师请教，刻苦钻研，追求精益求精，不断提升自己的业务水平和能力；工作上兢兢业业，恪尽职守，每天早来晚走，从不计较个人的得失；为人上谦虚谨慎，踏实淳朴，克己奉公，时时刻刻以合格党员的标准要求自己。正是因为杜老师在为人和做事方面的付出，经过不懈的努力，在业务上取得了较快的进步，先后获得了天津市技工系统优秀课、天津市技能大赛演讲比赛二等奖等荣誉，在 2001 年被教育部授予全国优秀教师的荣誉称号。

杜老师作为一名年轻的学科带头人，无论是在教学方面，还是在教学管理方面，都要求自己以发展的眼光看待问题，以创新、改革的精神来开展工作。他曾经在艺体生语文教学方面进行了尝试性的改革，编制了专门的教学讲义，实现了知识性与趣味性的有效结合；在语文教学中，增加了文学欣赏课和语言听读训练课，提高学生的学习兴趣和学习效率。为了尝试新的教学方法和教学手段，进一步提高学生的学习兴趣，杜老师还组建了"教学课件制作小组"，并制定了具体可行的活动计划，对教师进行相关知识的培训，并提出了具体目标。经过半年的努力，有很多名教师都拿出了自己的教学课件，并代表学校参加了天津市职业技能培训研究室组织的课件评比活动。

自担任我校基础教学部副主任以来，杜老师在各级领导的支持、指导下，先后负责我校高中课改班以及三二分段班级的教学管理工作，在长期的管理工作中，积累了很多经验，收获了很多成绩。曾经的高中课改班夏季高考、春季考高综合升学率一直保持在90%以上，现在的三二分段班级每年的升学率更是远远超过天津市90%的平均水平，一直保持在95%左右，2011年更是达到了巅峰的100%。

"杜老师，谈谈您刚到学校的感受。"

"刚来时确实有一些失望，但是对这个岗位的热爱让我不能半途而废，而且恰恰是学校这种大环境触动到我，让我意识到自己的职责和重要性，此时的学校正需要我们去建设，去维护，也需要我们这样充满活力的新生力量，所以我必须要全身心地投入到工作中去。"

提倡奉献精神是我校的立校之本，正是全校教职工都做到了讲奉献、做奉献，才成就了我们学校现在的辉煌，而杜老师就是那无数甘于奉献的教职员工中的一员。

工作初期，由于师资短缺，杜老师不但要承担大量的日常教学工作，同时还承担着业余高中和计算机培训的业余教学任务，对于这些工作，他不求回报，保质完成。而且在学校创建国家级重点校的过程中，为了整理完善有关的档案资料，更是经常加班加点。进入教学管理中层以后，几乎没有一天按时下过班。由于平时的教学任务和科里的行政性事务比较多，很多管理制度和教育教学改革措施都是杜老师利用下班时间制定和完善的。另外，当时高中班需要周日上课，出于工作的需要，杜老师每月都要牺牲两个公休日到校值班，面对这些工作，他从来没有在报酬上向领导要求过什么。

"您现在还在坚持授课么？"

"随着行政工作逐渐增多，也许课时量有所下降，但是依然在坚持，从没有间断。首先我的工作就是一名教师，教书育人是我的本职工作；其次坚持在教学岗位，能够亲身体会到学生、老师所面对的问题，总结经验，这样便于管理，也利于我行政工作开展。"

"您对现在的年轻人，尤其是新参加工作的90后们，有什么建议？"

"做人、做事都要脚踏实地，不求轰轰烈烈，只求心安理得，脚踏实地地完成每一项工作，把个人利益看淡一些，过于沉重的名利负担影响的不仅仅是自己的工作，还有身心健康；工作上不但要竭尽全力，还要有自己的工作思路，按照自己的思路一步一个脚印地实施，逐渐的你会感到工作带给你的是充实，快乐。会工作，更要会生活，只有热爱生活的人，才会真正热爱工作。工作之余一定要培养积极向上的兴趣和爱好，让自己获得身心的愉悦，同时，这些兴趣和爱好，也可以运用到教学工作中，能达到更好的工作效果。"热爱工作更热爱生活的杜老师，业余时间坚持文学创作，到目前为止已有多篇文章在报刊上发表，他与爱人一起创作的散文集《四十不惑》也在天津百花文艺出版社出版。

短短几十分钟的闲聊，让我想起《管子·权修》中的一段话，"一年之计，莫如树谷；十年之际，莫如树木；终身之计，莫如树人"，这句话也许可以用来诠释杜老师，他谦逊、稳重，努力和坚持，19年来硕果累累。最后衷心地祝福杜老师和基础教学部共同进步，再创佳绩！

（节选自《天津市劳动保护学校教师风采录》）

案例分析：杜老师的故事，充分体现了教师职业认同在自身职业发展过程中的重要作用。坚定自己的选择，并在工作中不断强化这种职业认同感，是安心乐教，取得职业发展的必要条件。

（1）职业认同在入职之初尤为关键。跳过了就业的门槛，带着美好的职业憧憬进入一个新的单位。很快，你就会发现这里的很多事情与自己的想象有很大的差距。学校的工作环境怎么是这样？这里的同事怎么不是热心地帮助自己？这里的学生怎么那么不好管教？你怎么办？

（2）职业认同在职业进程中不断显现。三五年之后，当你逐渐地褪去青涩，学校里的教育教学工作已经成为轻车熟路，当你总是在一遍一遍地讲授相同教学内容的时候，你还会保持当初的工作热情吗？随着时间的流逝，当初一同进校的青椒们，有的走上了各层次的工作岗位，有的成为骨干教师、有的成为专业带头人；有的在讲台上继续耕耘着；当初的大学同窗，有的如你一般还在做着辛勤的"园丁"，有的却是高官显贵。种种的不同，种种的诱惑，你还会坚守初心吗？

（3）职业认同取决于社会环境的改变与支持，但更关键的因素还在于自身。对于青年教师来讲，随着社会的不断发展，各种选择和诱惑纷至沓来，如何在纷繁中保持坚定的立场，在勤奋工作的路上坚持努力，杜老师以其实际行动给了我们答案。记得一位老师曾经讲过，潜下心来做学问，不要在深潜的水底时不时探出头来观望，那样只会让自己的内心更加浮躁。做学问如此，做教师更是做一门教育的学问，这门学问不止关乎自己，更关乎学生，关乎未来。

（4）追赶职业的幸福，对于自己至关重要。教师从事的是教育人的行业，是关乎国家未来的重要行业，我们常常不吝各种赞美之词去形容教师，因为教师身上所体现的不仅是职业的规范，更是人性的光辉。纵览这些感动中国的和教师相关的人物事迹,我们总能找到这样几个关键词:坚守、坚持、无私、奉献、忘我、为他……这些词汇都是在展现教师的平凡和伟大。在当今这个浮躁的社会当中,这些教师能够选择平凡的教师职业,并能在艰难的环境中坚守自己的梦想,是因为他们对教师职业有着深深的认同,他们认可自己的教师职业,并甘于为这个职业付出一切,他们把这个职业当成了自己的事业,在奉献中体会满足,在坚守中感受幸福。我们感动于他们的付出,他们感动于学生的成长,在教师眼里,没有什么比学生能够有所收获更能让教师感到欣慰,相信教师们也在这个过程中感到深深的幸福!

问题与测试

一、选择题

(1)职业认同是一个(　　　)概念。

　　A. 心理学　　　　B. 美学　　　　　C. 哲学　　　　　D. 教育学

(2)从过程的角度讲,教师职业认同是教师个体与(　　　)这两个方面持续地动态地相互作用的过程。

　　A. 学校　　　　　B. 家庭　　　　　C. 社会　　　　　D. 教师职业

(3)从状态的意义上讲,教师职业认同是教师对自己的(　　　)的认同状态。

　　A. 教师特征　　　B. 教师身份　　　C. 教师角色　　　D. 教师地位

(4)教师职业认同的主体是(　　　)。

　　A. 教师　　　　　B. 学生　　　　　C. 学校　　　　　D. 社会

(5)下列不属于提升教师职业认同的措施的有(　　　)。

　　A. 促进社会对教师专业的发展　　　B. 提升教师的获得感

　　C. 加大教师的工作量　　　　　　　D. 引导教师树立职业理想

二、判断题

(1)职业认同研究对教师行业没有意义。(　　　)

(2)教师职业认同是一个静态过程。(　　　)

(3)职业认同是一个心理学概念。(　　　)

(4)教师的职业认同具有明显的个人特征。(　　　)

(5)教师自我专业发展意识的强弱与教师职业认同程度的高低有关。(　　　)

(6)教师职业认同和教师专业发展的主体都是教师。(　　　)

(7)教师的职业认同是教师个体与教师职业这两个方面持续的动态的相互作用的过程。(　　　)

(8)加强师德师风建设,要坚持教书和育人相统一,坚持言传和身教统一,坚

持学术自由和学术规范相统一。（　　）

三、问答题

（1）教师职业认同的含义是什么？

（2）教师职业认同的特点是什么？

（3）提升教师职业认同的意义是什么？

（4）提升教师职业认同的措施有哪些？

（5）学习 3.6 节这部分内容，你有何感想？

4 中职教师的学生观

一个灵魂引导另一个灵魂，
一份关爱获取另一份关爱，
一种力量给予另一种力量，
师生互助，教学相长，
彼此成就，彼此梦想！

学生观，就是教师对学生的属性、特点及其在教育过程中所处地位和作用的看法和观点的总和。无论是否自觉，每一位教师都有自己的学生观，并且这个学生观指导着教师如何看待学生、如何对待学生。

4.1 中职生的特点

"学生"在社会生活中有很多含义或者用法，但一般来说是指在各级各类全日制学校学习、接受学历教育的人，可以分为小学生、中学生（中职生）、大学生（专科生/高职生、本科生、硕士研究生、博士研究生）等。

我们所指的中职生，是接受中等职业教育的学生，具体包括中等专业学校的中专生、职业中等专业学校的职专生、技工学校的技校生，他们统称为中职生（中职学生）。

4.1.1 中职生的基本特点

（1）压抑的自我认知。由于受"学而优则仕"传统思想的影响，社会上对职业教育存在认识上的偏差，中职生缺乏良好的社会评价。他们在家庭、社会环境中无法比肩于在读高中的昔日同窗，在社会交往中存在潜在的压抑心理，自我认知不高。进入中职院校以后，他们常摆出一幅任人安排"无所谓"的姿态，缺乏积极主动的进取动机。他们对自己能否学好各门课程缺乏信心。"混日子"的心理，使其与教师感情沟通的需求受到抑制，不易接受学校的教育。

（2）学习能力较低。由于智力和非智力因素的影响，以及职业的初步定向，中职生对学习缺乏热情。即使有学习愿望，也往往由于基础薄弱，听不懂，学不会，从主观上轻视或厌烦理论课学习，只是希望能够学点技术，掌握一些技能，而在学习技能的时候，又由于理论知识的匮乏无法实现技能上的精湛。遇到的学习阻力影响了他们学习技能的热情和能力。

（3）对集体的亲和度较差。中职生在初中阶段，无论是知识水平，还是认知能力都处于劣势，更有一部分属于"差生"，长期生活在没有关爱、缺乏温情的集体中，人际关系冷漠，在中职学校期间，在以往习惯的作用下会有游离于组织之外的倾向性。

（4）学习技能的愿望较高。进入中职院校以后，许多学生都有"我认了"，"学点儿技术，找一个好工作"的想法，学习技能的愿望相对较高。他们对学习专业课，尤其是专业技能课有一定的需求。

（5）进行素质教育的可能性。中职教育是就业准备教育，在客观上不像普通高中受高考"指挥棒"的驱使。没有了升学的压力，这给学校对中职生进行素质教育创造了良好的机遇和现实的可能性。

（6）具有可塑性。中职生的年龄基本上在 15～18 岁之间，正处于世界观、人生观、价值观的形成时期，具有较强的可塑性，使教育成为一种可能。

4.1.2 中职生道德素质的积极因素

（1）道德素质的基础性。中职生在进入中职院校的时候，已经进入青年初期。他们经过九年的义务教育，已经具备一定的道德知识，在处理人际关系中已经形成了自己的一些相对稳定的观念、方式、方法。他们的头脑已经不再是完全的空白一片，已经具有了较为丰富的内容。中职院校对学生的培养就是要在其已有基础之上更上一层楼，培养合格的社会成员和劳动者。

（2）道德认知内容上的丰富性。

1）道德认识或者说道德意识是人们对客观世界的反映，多元化的社会价值观念在社会生活中激烈交锋，既拓宽了人们的认识视野，又为人们进行比较鉴别进而做出正确选择提供了条件。中职生生活在这样的变革时代，必然会打上时代的烙印。

2）中职生具有青年人一般所具有的乐于、易于接受新生事物（在此处是新生事物而并非单指新事物）的特点，对社会生活中的各种事物，尤其是道德领域的新生事物具有很大的包容性，在人与人、人与社会等方面的新思想、新观念很容易得到响应。

3）当今社会是一个信息社会，网络和各种现代传媒为人们接受新生事物提供了便利。中职生除了传统的途径以外，更乐于将充沛的时间和精力用到互联网和其他现代媒体上去了解信息，他们接收到的信息量并不亚于成年人。在这样的背景下，中职生的道德认知内容比以往更加丰富多彩，存在着各种道德观念的撞击。

（3）道德价值取向上的务实性。中职生进入中职院校虽然更多的是出于无奈，但具体进入哪一所中职院校则往往是对未来利益得失判断、预测的结果。哪一所学校能学到实用的技术？哪一所学校能做出对未来工作岗位安排的承诺？哪一所学校学习生活环境比较有利？这些都是选择的条件和标准。"选好学校，上好专业，找好工作"成为一种选择的价值标准。一句口头语"这有什么用？"，这不是怀疑一切，而恰恰表明一种态度：对事物的评判，往往以"有没有用"来作为标准。哪一门课程有用，哪一门课程没用，他们都有自己的评价，在学习中往往对专业课还有一点儿热情，而对理论课多是敬而远之。他们注重个人能力特别是职业能力的锻炼，注重个人利益的维护，逐渐形成效益观念和经济意识。他们懂得"义"的必要，更重视对"利"的追求，既不愿意"舍利取义"，也不愿意"见利忘义"，总希望在任何事情上都能够"义""利"兼顾，能在"义"和"利"之间找到一种平衡。

（4）道德发展中的自主性。自我意识不仅包括自我利益的意识，还包括自我地位、能力、情感、形象、行为等的意识。中职生的自我意识与日俱增，"我长大了"成为心底的呼声，他们渴望摆脱家庭和学校的束缚，不满足于家长和教师的说教，喜欢用自己的眼光来观察事物，总愿意模仿成年人来对周围事物发表自己的那些不成熟的观点。

（5）对职业道德的认知相对较高。中职生在入学时，就已经通过对未来职业的展望而选择专业了，再经过专业课的学习，对与其专业相对应的职业或职业群会有相当多的理性认知。而且国家教育部将《职业道德与法律》作为一门必修德育课程，旨在对学生进行职业道德教育与职业指导，经过专门课程教育，中职生对职业道德规范有一定的认知。

4.1.3　中职生道德素质中的消极因素

（1）明显的独生子女特征。当今的中职生基本上是独生子女，他们在家庭环境中比较普遍地形成了以自我为中心的自私霸道、唯我独尊的个性。他们把家长和教师对他们的付出，看成一种理所应当，不理解家长和教师的劳动，难以沟通。独生子女太"独"，他们个性明显、固执，不懂得尊重别人，不乐于帮助他人，团队和集体意识淡漠。

（2）是非善恶判断缺乏客观性。中职学生道德认识的丰富性又会对他们具有一定的副作用。由于缺乏辩证的思维方法，学生受到多元道德价值观念的影响，在实践中面临多重选择的困惑。如社会倡导助人为乐，无私奉献，而在市场规则中许多行为可以名正言顺地"按劳取酬"，表现为经济活动；拾金不昧乃古训，并为法律所调整，现今则有人因为此索取报酬而对簿公堂；勤俭节约为中华美德，而社会上却存在众多引诱消费宣传，推崇物质享受。因此，有不少学生都觉得"现在好些事情都说不清楚",以至无所适从。他们往往把对自己的利弊作为尺度来进行道德评断。有的学生会把给他一点便宜的人或给他认同态度的人看做是瞧得起他的"好人"、"朋友",认为凡是严格要求和管束他的人就是在"排除他""为难他",不够朋友。哥儿们义气、老乡观念,在学生中有相当市场。

(3)道德意志力相对较差。中职生已经具备一定的道德认知水平,对在家庭和学校中的事物和行为基本上能够做出是非善恶的判断。但由于他们自身道德目标不明确,道德追求动力不强,对于来自主观上的或周围环境上的引诱缺乏抵抗能力,难以抵抗周围环境的影响,从而表现出自身的矛盾性和动摇性。不少学生,一方面对社会上的道德现状表示不满,另一方面又明确表示为了个人乃至小团体的利益,会放弃自身的道德追求,表现出更多的实用主义倾向。有很多违纪学生,一旦被老师发现,他就会还没等老师进行教育,马上承认错误,并找出原因,信誓旦旦地做出保证。这足以说明他们是知其不可而为之,非属故意,往往出于自然。再比如,中职生的生活消费需要支出不薄的费用,如果其不知道应该如何善待父母劳动成果,那是认识问题;如果知道父母的艰辛,却不能充分利用父母给自己创造的条件充分发展自己而得过且过,那就是道德问题了;如果能够理解应该怎么去做而抵制不了外界的诱惑,那就是意志问题。

(4)道德发展上的被动性。由于当前中职院校生源环境的变化,许多中职学生或者是因为中考成绩不理想,不得已而来之;或者是迫于家长的意愿,而找的栖身之所;或者干脆就是当初毕业学校越俎代庖给填报的志愿,而随波漂流到此。再加上实行的对往届毕业生的注册升学制度,中职院校已经成为初中毕业生不用选择的选择了。他们相对于同龄普通高中学生来说,学习能力逊色,自我期望值降低,包括道德追求在内的自我完善、自我提高的原动力不明显、不强烈。一句"无所谓"也许能够概括出中职生的心理状态。当教师对学生进行教育的时候,有一些学生甚至对教师说:"您就别操心了,国家都免学费了,还不让我毕业咋的?"完全一付无所谓的样子,反倒让教师感到多余和尴尬。

(5)对职业价值的评价以利为重。中等职业院校是就业准备教育,是以就业为导向的教育,通过职业院校的学习找一份好工作是大多数学生以及家长的共同心愿。他们大多把"报酬高低"作为今后择业的最主要条件,认同"干一行、爱一行、专一行"的越来越少。在安排顶岗实习单位的时候,"劳动强度小,工作环境好,工资待遇高"的意愿就非常明显。在实习期间,他们不易接受实习单位的制度约束,稍有不如意,就"跑回"学校。

(6)中职生品德不良行为比较普遍。品德不良是指经常违反社会道德准则或犯有严重道德过错,甚至是触犯法律法规危害社会治安,需要予以制裁的行为。中职生中的品德不良现象主要表现为：旷课，夜不归宿；打架斗殴，寻衅滋事，辱骂他人；强行向他人索要财物或故意损坏公私财物；传看、收听色情、淫秽制品；沉湎于营业性网吧；语言粗鲁，脏话连篇；吸烟、酗酒等。他们中的一些问题严重者，屡犯屡教、屡教屡犯，不讲诚信，言不由衷，身不由己。

4.2　中职院校的培养目标

教育是有计划、有组织地实施人才培养的专业活动，具有自己特定的行为逻辑：人才培养目标→教育教学内容→教育教学方法。学校的人才培养目标是学校和教师对于学生未来发展的理性判断和科学设定，体现着学校和教师的价值取向和利益追求，指导着学校的办学行为，如在专业设置、课程结构等方面的选择，也指导着教师的教学内容、教育教学方法。

教育实践中，有的中职院校主要精力是实施"三二分段"、春季高考的人才培养模式。为提高升学率，对专业课少有安排，把主要精力放在"统考课"，也就是升学考试必考的几门公共课上，教学组织形式与普通高中所差无几，失去了职业教育的属性。有的学校标榜自己要培养"高技能"人才，对文化课少有安排，甚至连国家规定的德育课、语文课等都被忽视，虽然学生可能有一定的操作技能，但是缺乏基本的素质修养，工作服整天油渍污黑、操作台周边边角碎屑遍地，文化基础薄弱、后续发展乏力，这些都与企业对毕业生的现实需求、与现代职业教育体系发展趋势是不相符的。

为全面落实国家教育方针、实施素质教育，提高全体学生的实践能力和创新创业能力，转变人才成长观念，国家正在规划和设计构建多元化的人才成长立交桥。其一是构建中职、高职、本科乃至硕士层次的职业教育人才培养通道；其二是探索实施普职融通，实现普通高中与中等职业院校的学分互认、学籍互转，建立普通高中教育与中等职业教育相互沟通、协调发展的教育体系。

在这种构建现代职教体系的背景下，中职院校的人才培养目标，应该是数以亿计的技能型人才和高素质的劳动者。所谓技能型人才，就是通过中职教育，重点培养学生对职业的认知和基本职业技能的掌握，使其既具备初步的就业能力，又能为继续接受高职以及更高层次职业教育、成长为高技能人才创造条件；所谓高素质，就是具备良好的职业素养，成为一个可以打磨的"好坯子"，能够在入职后尽快适应企业需求，容易被企业所接受。这种高素质，包括较好的思想政治素质、职业道德素质、科学文化素质、专业技能素质以及身心素质等内容。

中职院校教师必须树立与学校人才培养目标相适应的人才观，这样才能选择正确的教育教学方法，提高教育教学效率，完成学校的教育教学任务。

4.3 共性的学生观

4.3.1 学生是人

学生不是机器，不是知识容器，是有意识、有情感、有需求、有各种体验的人。教师在教育教学过程中，必须关注学生的存在，关注学生的需要和体验。否则，就会在教育、教学方法上出现问题。

4.3.2 学生是成长中的人

学生就是在校学习的人，他是一个成长中的人，正在经历着从不成熟到成熟的发展过程，身上不可避免会存在一些缺点与不足，也势必会犯这样那样的错误，需要老师耐心地帮助、指导，需要老师的宽容。

（1）不能认为犯了点儿错误的，就是坏学生。

（2）遇见犯错误的学生就暴跳如雷，不依不饶，责备、体罚。

（3）要相信犯过错误的学生，也能够成为好学生。

（4）不能先入为主，"戴着有色眼镜看人"。"是不是你拿了人家的手机?""你怎么又迟到了!"这种思维、语气在处理与学生关系中往往会使自己处于不利或者尴尬的境地。

（5）要容忍学生对自己的无礼和冒犯。要耐下心来对学生进行教育、教学，坚持传道、授业、解惑，做到诲人不倦。

4.3.3 学生是具有个性特征的人

（1）学生是独立于教师头脑之外，不以教师意志为转移的客观存在。教师不可以对其随意支配、涂画，也就是说，绝不是教师想让学生怎么样，学生就怎么样的。"我是老师，你就得听我的"，是没有理论依据的主观行为。

（2）"世界上没有两片完全相同的树叶"，个体学生之间的差异是非常明显的，在身体素质、心理素质、思想观念、兴趣、爱好、行为习惯、知识基础等方面，都有很大的差别。"满堂灌"的教学方法之所以有弊端，原因之一就是不考虑学生的个性特点。因材施教，作为一个基本的教育原则，就是要考虑学生的个性特征及其差异。

（3）学生就是学生，不是老师的子女。如果老师真正把学生当成自己的子女，你就会发现随之而来的教育和管理问题。

4.3.4 学生是学习的人

（1）学生以学习为主要任务。接受教育是公民的权利，也是公民的义务。

学生进入学校，就意味着承担了接受教育的义务。在义务教育阶段，这种义务是强制的。而在中职阶段，则是自愿入学，是在享受教育权利的同时来承担受教育的义务的。学生履行受教育义务的最终表现就是学习，按照相应阶段的教学计划完成相应的学习任务。学生的主业就是学习。

（2）学生在教师指导下学习。学生进入学校，就意味着寻求学校和教师的教育和管理，希望在教师的指导下完成学习任务。师生关系是学校最重要的人际关系，关乎教师的教，更关乎学生的学。

（3）学生接受的是学校教育，是需要得到全面发展的学习；学生的学习以系统学习间接经验为主。学校是教育的场所，必须要履行国家和社会赋予的教育使命，培养符合国家和社会需要的人才。学生进入学校，就必须按照学校规定的教学计划、规定的教学课程去学习，实现德、智、体、美、劳的全面发展。

4.3.5　学生是具有发展潜能的人

（1）发展和创新是年轻人的主题。青年学生所处的年龄阶段正是身心快速发展的阶段，他们的思维活跃，是思维能力发展最快的阶段之一，也是激发创造性最佳的时机之一。他们没有成年人众多的思维定势，他们敢想、敢做，有较强的冒险意识，有抗拒常规的精神，这是青少年突出的心理特征。因此，青年学生比成年人更具有创新的勇气，更具有创新的意识，更具有发展的潜能。所以，学校应该将激发学生的创新意识、挖掘学生的发展潜能、培养学生的创新人格当做重要的教育目标。

（2）要宽容学生的问题与失误。一般来说，创新人才具有如下特征：良好的思维品质、独立的个性特征（如怀疑的精神、质疑的精神、创新的意识、不迷信权威等）、坚定的意志品质、强烈的求知欲望、不竭的进取精神等。作为教师，应当理解和容忍学生的质疑，允许学生发展过程中的不足与失误。

（3）人人都能成才。要相信学生潜藏着巨大的发展能量，坚信学生个个都能成才。

4.4　中职教师正确的学生观

（1）技能宝贵，劳动光荣。在生产、运输和服务等领域岗位一线，熟练掌握专门知识和技术，具备精湛的操作技能，并在工作实践中能够解决关键技术和工艺难题的人员，表现为高级工、技师、高级技师等人员，属于高技能人才，是我国人才队伍的重要组成部分，"技术精湛的工人也是人才"。

（2）"技能在手，说走就走"的职业自信。技能人才紧缺，具有精湛技能的技术工人的社会地位和经济地位越来越受到重视。在天津市积分落户政策中，高技能人才具有特殊的优越性。在天津市 2016 年的积分落户政策中，本科及以上学历 40 分、专科学历 30 分，高级职称 50 分、中级职称 40 分，高级技师 50 分、技师 40 分、高级工 30 分。高级技师可以与高级工程师、教授并肩而论。在市场就业中，高技能人才供不应求的紧缺形势，短时期内难以改变。

（3）中职学生的发展路径越来越宽广。随着现代职业教育体系构建的逐步落实，职教立交桥的搭建已见雏形。中职学生毕业后已经有了很多的选择，可以选择就业，也可以选择继续求学，达到本科、研究生的学习层次，实现社会阶层的向上流动的障碍正在被消除。

（4）中职学生具有巨大的发展潜能。多元智能理论研究表明，人类至少存在语文智能、逻辑数学智能、空间智能、肢体运作智能、音乐智能、人际智能、自省智能等七种智能。每个人作为个体都具有这七种智力，只是各有各的组合方式，这使得每一个人的发展各具特点。在当前升学体制中，中职生源基本上都是处于"中考"分数排名殿后的学生，这在一定程度上说明他们在学习上处于劣势，但并不能否定他们在其他方面的优势与特长。中职院校培养出的一些高技能人才、技能大师，已经充分证明这一点。

（5）我们的学生并不坏。在部分中职学校，一些学生上学时走到校门前把吸了半截的烟扔掉，放学后出了校门就点上卷烟。这固然说明学生具有吸烟的不良行为，但有一点是可以肯定的，他知道在校园里应该干什么、不应该干什么，说明了我们管理有效果，但没有反映出我们教育的成绩。从中我们可以判断，他们不是不接受教育，只是没遇到好的教育方法；他们不是故意放纵自己，只是没有养成好的习惯。

（6）渴望得到老师的关爱。每个孩子都渴望得到老师的关爱和肯定。进入中职的学生，在其前的学校教育中很少得到老师的关注，他们在内心深处更有得到关注的希望与需要。

（7）有正常的得到尊重的需要。美国心理学家马斯洛的需要层次理论，认为人的需要可以分为五个层次，依次是生理的需要、安全的需要、归属的需要、尊重的需要和自我实现的需要。中职学生是有情感的现实的人，他们具有独立的人格，也具有获得尊重的需要。

4.5 形成正确学生观的方法

实践是认识的源泉，是检验认识正确与否的标准。对于教师而言，要在实践的基础上，逐渐形成正确的学生观，更好地指导自己的教育教学实践。

4.5.1 客观地看待学生

客观是指人们看待事物的一种态度，就是不以个人好恶、不以个人的意志而转移，如实反映客观世界的本来面目。对于问题学生，或者学生出现的问题，不能主观断定其原因，就做出态度和方法的选择，而应该注意观察、倾听、分析，了解其原因后再做决断。比如说学生趿拉着鞋走进教室，是很多教师非常反感的事情，也是学校行为规范必须制止的行为。教师是认为学生是品行不端，故意违反纪律，给教师难堪；还是认为学生因为起床晚了，怕迟到，衣冠不整地就跑进教室。这些不同的假设，与个人内心深处对学生的观点与看法有着很大的关系。同一件事，由于个人情感与认识方法的不同，往往会得出不同的结论，选择不同的对待方法。中职院校的教师需要更加细致地做好调查，不能轻易对学生的行为进行评论，要客观地看待学生。

4.5.2 全面地看待学生

金无足赤，人无完人。无论是学生群体还是个体，都是如此，应当进行客观全面的分析评价。高中学生与中职学生有不同的群体特点，高中学生未必没有问题，中职学生也未必没有优点和希望。一个在学习上让人头痛的学生，可能在运动场上有突出的表现；一个数学成绩不及格的学生，可能语言表达能力非常强；一个考试成绩高的学生，可能非常反感班里的卫生值日。在教育过程中我们应该抑恶扬善、鼓励先进、激励后进；我们要一丝不苟，不放过学生身上存在的任何缺点与问题，更要练就一双慧眼，善于发现学生身上的"闪光点"，寻找教育的有效契机。教师的肯定能充分挖掘学生潜力，帮助学生树立自信心。作为教师，要注意培养和保护学生的兴趣，对于学生的发言，不管讲的是否成立，教师都应多加鼓励，不能轻易否定学生。对学生的进步哪怕是细微的改变，我们都要不吝表扬，这样才能调动学生的学习积极性。作为教师除了千方百计上好每一节课，课后也应该多关心学生。课余与学生的沟通交流是非常重要的，这既能增进师生感情，还能了解学生的思想动向，缩小"代沟"。

4.5.3 发展地看待学生

不同的时代、不同的人，有不同的成长环境，必须从实际出发，加以研究，才可能找到"治病良方"。

传说皮格·马利翁按照自己心目中美女的形象制作一尊雕塑，雕塑在自己真诚的期待与呵护下具有了生命，成就一段美好姻缘。由此而出的"皮格马利翁效应"，就是期望和赞美能产生奇迹。1960年，哈佛大学的罗森塔尔博士在加州一所学校做过一个著名的实验。善良的谎言，让那些感受到老师希望和期待的学生有了超常的进步，由此而出的罗森塔尔效应，就是由于教师认为学生是天才，因而寄予他更大的期望，通过各种方式向他传递"你很优秀"的信息，学生感受到教师的关注，因而产生一种激励作用，学习时加倍努力，因而取得了好成绩。这种现象说明教师的期待不同，对学生施加影响的方法也不同，学生受到的影响也不同。

学生身心发展是有规律的。不同的年龄阶段有不同的年龄特征，一定阶段的年龄特征具有相对稳定性，同时也有一定的可变性。学生的身心发展，不仅要服从这些年龄规律，而且还必然体现出人的身心发展的特征与规律。这就在客观上要求教师学习、掌握、运用有关人的身心发展的理论，熟悉不同年龄阶段学生的特点，并依此开展教育活动，从而有效促进学生身心健康发展。

学生具有巨大的发展潜能。相信学生潜藏着巨大发展能量，坚信每个学生都有追求成功的需求，相信他们经过努力是可以获得成功的。这是把学生作为发展的人来认识的重要要求，这是教育实践已经证明了的事情。

学生是处于发展过程中的人。学生是求学的人，是正在成长中的事物，本身就存在着由不成熟到成熟、由不完善到完善的发展过程。然而在实践中，人们往往忽视学生正在成长这一特点，而对其求全责备，反而增加新事物发展的阻力。把学生作为一个发展的人来对待，就要理解学生身上存在的不足，理解学生所犯的错误，宽容学生对教师的无礼与冒犯。教师要满腔热情的支持新事物，要帮助学生解决问题，改正错误，从而不断促进学生的进步和发展。

4.5.4 公平地对待学生

一般，中职生在之前的学习经历中得到的多数是批评与训斥，自己对学习失去了兴趣。想要他们爱学习、主动学习，就必须唤醒他们的求知欲，让他们在学习中找到成就感。

职校教师需要热爱所有学生，对学生充满爱心，要经常走到学生之中，最忌讳挖苦和讽刺学生、粗暴对待学生。要尊重学生的人格，保护学生的自尊心，维护学生的合法权益，避免师生对立。教师处理问题必须公正无私，使学生心悦诚服。热爱学生能起到事半功倍的效果。学生是有情感、会思想的人，他们对于教师给予的好意，反应是很灵敏的。虽然，教师并没有希望从学生那里得到怎样的回报，但是真诚的情感总会感动学生。教师的爱终究会引起师生感情上的交流与共鸣。

教师的价值体现在教育教学的实践中，体现在学生身上，体现在学生的成长和发展中。教师的职业活动就是以一棵树撼动一棵树，当教师的情感付出得到学生良好的反馈时，教师自己内心也会产生积极的情绪体验，激励教师一如既往，诲人不倦，无怨无悔。在运动中获得动能，这也是教师职业发展的一种内在的动力。

4.6 典型案例分析

【案例 4-1】

刘国蔓老师的 41 根白头发

9 月 22 日，在操场上陪学生军训了一整天之后，刘老师终于能抽出一小会儿的时间休息。可是一通电话又把刚刚坐下没多久的刘老师叫到了女生宿舍。刘老师赶忙走到女生宿舍四楼，已近晚上七点钟，但班里学生的宿舍却黑着灯。刘老师有点慌，忙推开门，只见满满一屋的学生捧着燃着蜡烛的生日蛋糕向着刘老师喊道："刘老师，生日快乐！"刘老师顿时热泪盈眶。

学生们集思广益，决定送给刘老师一份特殊的生日礼物——每个人送给刘老师一个"承诺"。学生们编辑了长长的短信发给刘老师：有的学生向刘老师保证以后再也不去网吧；有的学生承诺以后上课再也不迟到，一定会参加春季高考，并承诺以后会慢慢改掉一个个坏习惯。41 条真心话语、41 颗拳拳之心、41 份诚挚的诺言凝聚在刘老师的手机里，温暖着刘老师的心。

1424 班有一个温暖的传统，就是每到一个学生的生日，都会有人在班级微信群里广播通知，大家都会用自己的方式送去祝福。大家共同为当日的小寿星唱生日快乐歌。大家虽然来自不同的地方、不同的家庭，但是来到了劳动保护学校，来到 1424 班，就是一家人，全班同学就是大家的家人。

1424 班共有 41 名同学，他们来自全国各地，每个学生都有自己的个性。和学生们相处了大半年，刘老师与大家熟悉得已如一家人。一天，一个学生发现刘老师头上有一根白头发，刘老师说："这根白头发是你发现的，就代表了你，咱们班有 41 个同学，我就有 41 根白头发。"同学们都担忧地说："那老师以后还会教很多学生，是不是会长出更多白头发呀？""是呀，每个学生都是老师的一份担心，老师只希望你们越来越好，不辜负老师的白发。"

春蚕到死丝方尽，蜡炬成灰泪始干，每一位学生都越来越好就是刘国蔓老师最大的心愿。

（选自《天津市劳动保护学校校报》总第 8 期　2016.10.31）

案例分析：刘老师的故事，感人至深，也给了我们深刻的启示。

（1）"春蚕到死丝方尽，蜡炬成灰泪始干"的诗句生动地反映了刘国蔓老师的爱生之心。她把学生比喻成自己的白发，说明她的学生观是以学生为中心的科学的人本主义学生观。众所周知，中职生不好教，不仅体现在学习成绩上，更体现在道德素质上，因此，中职教师特别是班主任认为"每个学生都是老师的一根担心"，时刻关注，提心吊胆，恐怕自己没有尽到责任，唯恐学生犯错误。正因为中职学生这样或那样的不尽如人意，更激发了中职教师的母性光芒，为了让学生们在中职期间不虚度时光，为了给国家培养更多的技能型人才，中职教师付出了比其他教师更多的心血和汗水。有时候为了感化一个调皮顽劣的学生，需要绞尽脑汁想办法，还不能伤害他的自尊心；有时候为了教会一道本来很简单也讲了好几遍的题，老师还要保持足够的耐心，每一遍都像讲新题一样。只要时刻以学生为中心，尊重学生，关爱学生，悉心教导，我们的中职生也能考取心仪的大学，也能成为国家生产制造业的生力军、未来的大国工匠！

（2）刘老师的亲身经历，证明了我们的学生是向善的，"可教也"。"中职学生并不坏"，经历了过去的"被冷落"，他们对于老师的关心和关爱是非常敏感的，他们渴望着、乐于接受教师的关心和关爱。"刘老师，生日快乐！"这意外的惊喜，也许就是他们懂得感恩的证明吧！"我们的学生并不笨"，玩起手机来、玩起游戏来，他们不亚于那些高中生。多元智能理论已经告诉我们，之所以之前他们不够优秀，原因就在于以往的教育内容、教育方法没有在他们的心中掀起涟漪。相信我们的学生能够成才，发现他们的长处和优点，指引他们找准前行的力的方向，"长其长，短其短"，一定会有收获的！

（3）发挥学生的主体地位，实现自我教育、自我管理。同学们送给刘老师的一份特殊的生日礼物就是每个人的一个"承诺"。"有的学生向刘老师保证以后再也不去网吧；有的学生承诺以后上课再也不迟到，一定会参加春季高考，并承诺以后会慢慢改掉一个个坏习惯。41条真心话语、41颗拳拳之心、41份诚挚的诺言凝聚在刘老师的手机里，温暖着刘老师的心。"一个具有凝聚力的集体就是一个最佳的教育环境。我们的老师、班主任，应当相信学生，激发他们的正能量，指导他们不断地优化着自己的组织，并在这个组织中得到教育和发展。教师的爱，是"大爱"，是哲学家的情感，是有取有舍、有轻有重的。相信他们，总有一天会展翅翱翔！

问题与测试

一、单项选择题

（1）教师对学生的属性、特点及其在教育过程中所处地位和作用的看法和观点的总和是（　　）。

　　A. 学生观　　　　　　B. 价值观　　　　　C. 教学观　　　　　D. 人生观

（2）学生是（　　）的主体和（　　）的主体。

　　A. 学习；发展　　　　　　　　　　B. 人生；学习

C. 教学；学习　　　　　　　　D. 发展；教育

（3）中职教师错误的理念是（　　）。

A. 树立人人皆可成才的职业教育观　B. 要为每个学生提供合适的教育

C. 要以人格魅力教育和感染学生　　D. 中职学生都是笨孩子

（4）（　　）教师能够创设轻松愉快的教学氛围，激发学生的兴趣和创造力。

A. 专制型　　　　B. 慈母型　　　　C. 严父型　　　　D. 民主型

（5）下列说法中错误的是（　　）。

A. 学生是人　　　　　　　　　B. 学生是灌装知识的容器

C. 学生是成长的人　　　　　　D. 学生是有情感的个体

二、判断题

（1）所谓学生观，就是指教师对学生的属性、特点及其在教育过程中所处地位和作用的看法和观点的总和。（　　）

（2）师生是一对矛盾统一体，二者不可分离，共同统一于教育这一矛盾统一体之中。（　　）

（3）以德国教育家赫尔巴特为代表的学生中心论认为在教育过程中，教师有绝对的权威，强调发挥教师对教学过程的绝对支配作用。（　　）

（4）学生观决定着教育者的工作态度和工作方式，支配着具体的教育教学行为。（　　）

（5）孔子"后生可畏也，焉知来者之不如今也"这句话，反映其对学生积极乐观、充满信心的发展观。（　　）

三、案例分析题

案例1：有一天，张老师在课堂上发现有一名学生看课外书，很不高兴地走下讲台，责问："你怎么还不听讲？说多少遍了，把这个（指学生手里的课外书）先给我。"他边说边伸手去拿学生手里的课外书。"我不看了还不行吗？"学生说着就要往书箱里放。师生二人，一个伸手要，一个摁着不给。僵持拉扯中，书被扯撕了。学生红眼了，跑到讲台就将张老师的教案本也给撕了。这个时候，双方都惊呆在那里了。张老师委屈无限，那名学生愤愤不平。

案例2：年轻的班主任小赵老师走进教室，他发现学生李某座位下有一些废纸垃圾，就告诉李某把它捡起来。但李某没有动静，还极其反感地说："不是我扔的。"见此情景，赵老师心生不快，他大声地说："我让你把它捡起来。"李某的声音也大起来了："不是我扔的，干吗找我？"一个人说："我让你把它捡起来，听见没有？"另一个就说："不是我扔的，凭嘛非得找我，我不管。"于是，两个人的声音一个比一个高，对峙起来，难以收场。

阅读上述两个案例，回答下列问题：

（1）在上述两个案例中，老师用以维护教学秩序的武器——教师的权威、学校的规章制度，俨然成了脆弱的"麻茎秆"了。如果用"麻茎秆打狼"来比喻当下中职院校的师生关系，你认为合适吗？为什么？

（2）你认为案例中两位老师的做法，有哪些不妥？为什么？

（3）如果你是案例中的张老师，你会如何应对当时的课堂状况？

（4）如果你是案例中的赵老师，你会如何处理眼前的问题？

（5）你认为中职院校教师，应当树立怎样的学生观？为什么？

5 中职教师的专业态度

因为专业而专注，
因为热爱而执著，
一方讲台，道不尽知识力量，
一己之力，讲不完人生理想！

5.1 教师专业态度概述

5.1.1 教师专业态度的含义

态度是一个抽象概念，是人们对特定的人、事、物内在的想法及评价历程。专业态度往往是由一个人内在的信念和他的专业共同作用的结果。教师的专业态度应当是教师的信念和教师的专业共同作用的产物。

不同的教师由于信念不同，对待学生的同一行为的教育方法会大不相同。因此，可以明确地说，教师的专业态度，是由教师所受的普通教育和专业教育及其社会背景共同作用而形成的，是对教育工作的稳定的看法和观念。教育是一项专业活动，包含很多教育学、心理学专业知识和技能。这里的"教师专业"不应仅限于教师的本体专业，也就是所学的专业，如数学专业、机械设计制造专业、管理专业等等，还应该包括教师职业本身所需要的各项技能和知识等专业素质，并且教师的专业性也不仅体现在教学过程中，还体现在教育教学的各个方面。因此，一名教师尤其是青年教师在入职前就应当培养正确的专业态度，找准思想定位，并在今后的教育教学工作中不断提醒自己保持初心。

5.1.2 教师专业态度的基本结构

教师的专业态度由教师的专业认知、专业情感和行为意向三部分构成。教师的专业态度在一定程度上影响教师的教学效果的提升，也对教师的专业素质产生突出的影响。

教师专业态度包含的专业认知、专业情感和行为意向三个方面的内容，层层递进，相互支撑构成教师专业态度的三个层次和维度。

专业认知是教师对于自己所从事的工作的一个认识和评价。专业情感则是教师在教学中所产生的一种情绪情感的体验。行为意向是教师对待教育教学的一种基本的行为倾向，是在长期的教育过程中形成和发展的。

在教师专业态度上，认知因素是指教师对学生和所从事工作的客观规律性的认识，它和教师个人的价值观相关。意向因素是教师对待学生和工作的一种反应倾向，它并不是教师的直接行为，而是教师采取某种行为前的一个心理准备状态。构成教师专业态度的三个要素是相互联系的。其中，认知是态度基础；情感是态度核心和纽带；行为意向是在认知和情感基础上产生的，是行为准备状态，是态度的外在表现。总的来说，教师的专业态度是一个教师在一定价值观支配下产生的一定的专业情感，并由此而做出的对待学生和教育教学工作的一种反应倾向即行为意向。

5.1.3 教师专业态度对教育教学效果的影响

教师的情感因素是教师个人对学生的一种情感体验，表现为同情与排斥、喜欢与厌恶等。情感因素是最能反映态度的。教学效果的最重要条件是教学过程中师生的心理因素，特别是情感因素。情感是一种内在动力，积极的情感能增强教与学的效果，反之，消极的情感则对教与学起阻碍的作用。教师需要尽最大努力提升自身的亲和力，加大亲和度，再反过来提高教育教学效果。例如：一个富有激情的教师，他讲课时积极的情绪情感感染学生，使学生乐学、爱学，能够做到专心致志地聆听教师讲课，积极参与和教师之间的课堂互动，提高学习兴趣的同时也提高了课堂的教学效果。班主任在与学生接触过程中如果总是提不起兴趣、没精打采的，或者总是很瞧不起学生、排斥学生或态度冷淡，那么，这个班主任带班时的指令是很难被执行的。因此，教师的专业情感对教育教学的影响非常突出，每一个教师都应该深刻地认识到这一点。

教师的行为意向也可以理解为教师在上课前即将要采用何种教学方式和手段来完成教学任务，是教师直接采取教学行为前的准备过程。教师要想改变传统的教学行为，提升教学效果，就必须先要树立新颖正确的教学理念，在正确的理论指导下，才能科学合理地设计教学行为。所以，应该首先明确教师的行为意向。教师在选择教学行为方式上要找准切入点，要根据不同的学生和不同的课程内容，选择合适的切入方式，这是提高教学效果的前提。此外，教师还应当转变单一的教学方式，采取适合学生身心发展的多样化的教学行为方式，来提高学生的学习积极性，提升教学效果。

5.2　全面提升中职教师专业态度的基本要求

教育教学过程的本质是教师组织学生学会学习、探索、选择的过程，教师在教育教学过程中的作用在于其导向性，体现在激励、启发、点拨、评价等方面。而中职教师面向以学习困难的学生为主的特殊群体，在教育教学理念和方法上更要注意，要尽力为学生的学习创造条件，充分发挥学生的主体作用，促进学生全面发展。中职教师只有具备以下意识和理念才能真正提升专业态度。

5.2.1　中职教师必备的教育教学意识

5.2.1.1　以学生为主体的意识

"以学生为主体"表现为"尊重学生，乐于接纳学生"，给他们以自由的宽松的心理空间。比如，让学生在课堂上"交流"，主动地说出他们的心声。只要是学生真诚地、发自内心地发表自己的意见，教师都要尊重理解。教师决不能"高高在上"或者固守着自己的"权威"。如果学生说得不符合自己事先拟定好的"标准答案"，教师就加以否定，甚至给以批评，那么交流是很难进行的。教师应该尊重学生个性特点，因材施教。"每一种花朵都有不同的花期"，只有承认个性差异，尊重个性差异，才可能最大限度地调动学生的积极性，开发学生的潜能，培养学生的创造精神。教师要做到"以学生为本"，充分相信学生，尽量给学生机会。对于教师来说，教育教学的核心意识应该是"一切为了每一位学生的发展"。"以学生为主体"，也就是"一切为了学生，为了学生一切，为了一切学生"。理想的课堂教学应是师生互动、心灵对话的舞台。教学活动应激发学生的学习兴趣，注重培养学生自主学习的意识和习惯，为学生创设良好的自主学习情境，尊重学生的个体差异，鼓励学生选择适合自己的学习方式。

要坚持以学生为本，教师必须把视野从"知识"转向"人"，充分发挥学生的主体地位。教师必须明确认识到，学生才是课堂的主人。教师只有把自己在教学中扮演的角色由课堂教学的"演员"转为"导演"，才能真正做到这一点。教师以学生为本先要放下自己的权威身份，平等地对待学生，不能总是试图把自己的观点强加给学生，而是应该了解学生的思想和需要，并加以积极的引导。

在班主任工作中，教师要体现"以学生为主体"就要学会激励。多表扬学生，会表扬学生。要辩证地看问题，尽量多地发现他们身上的闪光点。教师要以关爱与尊重来对待学生，帮学生树立自信心，使他们发扬主人翁精神，在班级活动中积极肯干、团结合作，在班级建设中不断成长，只有这样才能做到"以学生为中心"。

5.2.1.2　"授之以渔"的意识

在以技能为生命线的中职教育中，技术的进步日新月异，学生更应以提高学习能力为主。因此，教师教会学生学习的方法，使其掌握学习的技能才是教育的根本。在教学过程中，教师的"教"只是为学生的"学"提供一定的条件，并在学习过程中给予学生相应的指导。学生的学习过程就是在教师传授的技能和方法基础上进一步探索新知的过程。传统课堂教学中，教师过多地关注知识而忽略了学生的主观能动性。教师一味地向学生灌输理论知识，最终使得学生产生学习倦怠甚至厌学，即使勉强考出好的分数也是死记硬背、一知半解，离开教师的讲解无法继续学习，不能做到举一反三。这样培养出来的学生只能从事简单的机械劳动，不懂得思考，就如同程咬金只有"三斧子"的功夫。他们离开学校后，难以实现知识与技能的更新，对于在生产过程中遇到的新情况、新问题往往束手无策，距离"大国工匠"遥遥无期。

中职院校的本质是职业教育，突出的是专业知识和职业技能的训练。这是传统的教学方法不能满足的，应该更加侧重于实践的教学模式，如案例教学法、项目教学法、一体化教学模式、体验式教学模式等新方法、新理念的应用，以利于学生的自主学习和能力的提升。

中职教师无论是理论课教师还是实践课教师，在教学中都要积极地为学生创设一种探索、求职的情境，设疑布难，激发学生好奇心理。在教学中，遇到一些具体问题，要先让学生发表自己的看法，在异常激烈的辩论之后，教师发言来总结大家的看法，引导得出正确的结论。

在班主任管理中，更应注重"授之以渔"。中职院校大多数生源来自农村，住校生占很大比重。这样，班主任的工作职责就不能仅限于班级管理了，还要扩展到宿舍管理和学生生活各方面的事务。许多学生自理能力很差，班主任就要在刻意锻炼学生的自理能力上下工夫。班级卫生和宿舍卫生是教师们最为头痛的事，学校和教师应为学生创造更多的劳动锻炼的机会，以期待学生各个方面的能力均衡发展。

5.2.1.3　与时俱进的意识

教师不仅要在理念上不断更新，还要在教学方法上与时俱进。当下最受关注的"翻转课堂"教学模式就是依托网络和信息化的技术向学生传授知识。这种教学模式给我们的教学改革提供了一个崭新的思路，教师决不能故步自封，拒绝接纳新的理念和方法。

不仅"翻转课堂"如此，信息化技术也势不可挡。信息化技术不仅改变着社会交往方式，也改变着青少年的认知方式。作为教师，我们必须以最快的速度学习新技术，适应这一变化，与自己的学生保持同步。中职生更倾向于形象思维，图片、视频、实训设备、实操场景等信息比文字更能吸引他们。中职教师可以结合课程内容设计 PPT 课件、录制微课和慕课、制作视频和音频等展示知识，也可以通过网络答题的形式完成课堂问答或布置作业，还可以通过网络课堂和互动平台延展课下辅导时间，全方位提升教学效果。中职教师应合理、有效使用多媒体教学，把课上得直观、形象、生动，从而提高课堂教学效果。中职教师，无论是理论课还是实习课教师，都要精心设计教学环节，努力为学生创造学习的情境，引导他们自主探索新知。因此，中职教师要不断吸收先进的教学理念，根据教学内容的特点、学生情况以及教学条件，积极地进行教学方法改革，以期更好地实现教学目标。

另外，在班级管理中，教师也要善于利用信息化技术。比如，建立班级 QQ 群、家长微信群等，不仅可以及时了解学生思想动态，还能实时在线与学生互动，拉近彼此感情，此外与家长的联系也更加便捷，可以随时向家长汇报学生的动态，可以上传文件及照片，小视频等，丰富了沟通的方法和内容，使家长、学生、教师三者的关系更加朋友化、平等化。这样，遇到问题也能更容易站在对方的角度考虑，使各种关系有序流畅地进行。

5.2.2 中职教师必需的教育教学理念

5.2.2.1 立德树人

在现实的教育体制下，中职教育已经失去了选拔性教育的功能。"总得有学上吧，上中职吧。"一些家长更是直言不讳："这孩子在家里也没人管得了，老师们您就受累给管管吧！"他们把孩子送进中职院校更多的是希望教师帮忙"看管"未成年的孩子，避免孩子过早进入社会"学坏"。"这孩子太小，也干不了活啊，先在学校养两年吧"，如此心态支配下的家长和学生一般都不太在乎学习知识和技能，只要孩子不犯大错就行。还有一些功利型的家长，认为上中职院校就是学技术，然后等着"学校给找工作"，他们不重视学习文化知识和培养道德素质，只重视提高技能水平。一些中职院校在市场经济中也似乎被淹没了自己的属性，把自己变成了训练熟练工的社会培训单位——只要学会点技能，拿到技能等级证，给推荐个工作岗位，忽视了学校应承担的社会责任。

然而企业对劳动者的素质要求越来越高，他们不仅需要劳动者具有娴熟的劳动技能，更需要劳动者具有良好的职业精神。对于中职毕业生来说，他们更看重的是学生的基本素质，是不是具有培养潜力的"坯子"。面对这些选择，中职院校的教师，必须保持清醒的头脑，把握住教育的方向。

党的十八大报告中把立德树人作为教育的根本任务，强调的是"树人"先"立德"，以德为先，培养人的教育工作一定要把"立德"摆在第一位。作为教师，首先要自身树立德业，认真践行师德规范要求，教书育人、为人师表，用人格的魅力影响、感染学生。其次，要树人以德。要善于抓住学生的心理特征，给每一个学生以合适的教育，引导学生健康发展；在教学实践中，要避免单纯的知识灌输、技能训练，应该根据具体的教学内容，将社会主义核心价值观的内容有机融合于教学过程，将情感态度、价值观目标真正落到实处，实现课程的德育渗透；要考虑学生作为"人"的需要，将之作为"人"来培养，培育学生健全人格，培养积极、健康、乐观、向上的心理品格。

"十年树木，百年树人"，立德树人是一项长期任务，不能一蹴而就，需要教师的道德足够高尚，内心足够强大，信仰足够坚定。

5.2.2.2 遵循规律

中职的教育教学和普教高中阶段的教育教学是有区别的。虽然，学生处于同一年龄段，但是，二者的办学性质不同、人才培养目标不同、生源特点不同、教学内容不同等。中职教育培养的是德技双馨的技能型人才，未来"中国制造"的主力军。

中职教师的教育实践不能是盲目的实践，必须遵循客观规律，按规律办事。中职教师从事的是职业教育，他们必须遵循职业教育规律，以社会和企业的需求为标准，以培养合格建设者和接班人为己任；中职教师从事的是培养技能人才的事业，他们必须遵循技能人才成长规律，更新教育理念，改变教育方式和方法，采取项目教学、案例教学、一体化教学等，在"做中教、做中学"，给学生以充分的实习训练指导，训练技能；中职教师面对的是初中后教育，必须遵循学生身心发展规律，以形象化、体验式、参与式的教学方法模式，吸引学生注意力，激发学生学习兴趣，把他们的思维和精力指引到学习中去。

在班级管理过程中，班主任教师也要把握这些规律，有针对性地开展工作。中职学生与同龄的高中生相比，有自己的特点，存在着不同的问题。中职生的学习能力虽有劣势，但他们更加活泼，面对着全新的专业知识与技能学习，大家基本上是站在同一条起跑线上。作为班主任，要转变自己的教育理念，要善于发现学生的长处和闪光点，激发他们前行的动力；要体现民主作风，做民主型教师，切不可以教师的权威压倒一切。因为这些学生长期以来就处于"打击"、"压制"的对象，那些"顶嘴"、"多动"、"缺乏耐心"的行为，就是缺乏自信的表现。班主任对他们的一点点关注和同学对他们的一点赞扬可能让他们兴奋不已。所以，班主任只有合理地鼓励学生，做到因材施教，才能调动学生的积极性，参与到班级管理中来，最终产生归属感、认同感。这不仅需要班主任的能力，还需要班主任的爱心和智慧。

中职院校的教师与其他系列教师的不同之处，最明显的就是在教育和教学的时间精力的分配上，他们需要在学生的教育管理上付出更多的努力。中职教师需要研究每一个学生的问题及特点，制定有针对性的、个性化的教育策略，才能实现"一把钥匙开一把锁"的效能。

5.2.2.3 工匠精神

在中国经济快速发展的过程中，供给侧结构性改革成为我们"新常态"中的重要内容，也产生了对"工匠精神"的再追求。新时期的工匠精神，基本内涵就是精益求精，追求完美，注重细节，专注专业，爱岗敬业，勇于创新。我们培养的技能型人才，需要有娴熟的技能，需要学习和传承，掌握前人创造、积累的知识和经验，但是更需要创新。工匠精神不是固守不变，他们每天需要针对在工作中遇到的各种实际问题进行反复改进，寻找最佳方案，找到最好的结果，这个过程本身就是创新的过程。工匠精神，或者大国工匠的培养，更需要创新发展能力。职业教育要坚持立德树人的教育使命，培养"德技双馨"的技能人才，这其中的"德"，就包含着"工匠精神"的内容，就包含着对学生"工匠精神"的培养，这是职业教育的灵魂。

中职院校教师首先应当更新自己的教育理念，把工匠精神的培养作为我们行动的原点和终点。我们不仅需要培养学生掌握一技之长，给他们"好就业"创造条件，而且还应着眼于学生的未来发展，注重工匠精神的培养，使他们具有"就好业、稳定就业"的能力。其次，教师应当在自己本职岗位上成为具有工匠精神的人，教育、引领、熏陶学生。教师必须严格要求自己，爱岗敬业、业务精湛，把自己对工匠精神的追求体现在工作对象——学生身上。倾尽爱心、不厌其烦、诲人不倦、一丝不苟、精雕细琢，卓有成效地解决学生中每天发生的各种问题。再次，学校和教师要在校园环境中积极营造"劳动光荣、技能宝贵、创造伟大"的校园文化氛围。

5.2.2.4　勇于创新

对于把工作当成职业的人来说，教育教学就是每天重复过去的事情。对于把工作当成事业的人来说，教育教学则是每天解决不同的新事情：昨天的教案未必适应今天的学生；昨天的操作方法未必能解决现在的加工问题；解决张三问题的方法未必能对上李四的症状，创新是每一名热爱工作的中职教师的职业本能。

在以往的教育过程中，由于"升学"的压力，创新就是天上的云彩，好看但难以落下雨点。计入中职院校学习的学生，已经没有了"升学"的压力，这使创新精神的培养具有极大的可能性。职业院校要实现对学生工匠精神的培养，要为实现"制造大国"到"制造强国"的转变培养人才，职业院校加强对学生创新精神的培养就具有极大的必要性。

作为中职教师首先应当热爱生活，热爱职业，乐于接受新事物，勇于面对和解决新问题，努力克服职业倦怠带来的消极影响；其次，要不断地创新教学模式，创新教学方法，积极引导学生独立思考，在教学中创设情境，让学生在"做中学，学中做"，不断体验，启发学生的独立思维，动手实现自己的想法。在民主、开放的教学氛围中，唤醒学生的创新意识，锻炼他们的发散思维能力，为培养未来的"大国工匠"做出自己的贡献。例如，德育课摒弃传统的"一张试卷"的评判方式，创新考试模式，把考场布置成模拟的面试现场，让教师扮演企业面试官，学生扮演应聘者，教师根据学生的现场表现，打分、评价，得出学生的考试成绩。这样既能考查学生在德育课堂的学习效果，又能促使学生改变德育课的学习态度和学习方式，还可以通过模拟情境锻炼学生的就业能力，教学效果较好。

5.2.2.5 学会放手

当前中职院校的生源，具有明显的特点，一是独生子女多；二是农村生源多；三是在校住宿学生多。独生子女的群体特点是我们不愿意但又必须接受的事实，不可回避。在校住宿学生多，造就了中职院校特有的"家长式"责任。但是，教师对学生的爱，是一种责任，是一种明智的、理性的付出，而不是像父母那样"包办一切"。中职教师有责任在教学过程中培养学生的独立生活、独立思考、团结合作的意识和能力。要在教育教学过程中，改造学生，多给学生独立思考和动手做事的机会，以锻炼他们解决问题的能力，引导学生自强自立、自主学习、独立生活，养成良好的学习习惯和职业习惯。

中职院校教师必须根据自己的教育对象，确定教育任务，选择教育方法。在教学中，要把以"教师为中心"向"以学生为中心"转变，创设学生独立学习、独立思考、团结合作的场景和机会。

教师要多问学生问题，给学生表达自己观点的机会；分组讨论、合作学习，共同完成学习任务，给学生创造交流、合作、表达、展示的机会。对学生的"放手"，而不再是"手把手"，就意味着问题出现的几率会增加，这是教师需要在教学设计中予以充分考虑的地方。诲人不倦，有教无类，需要我们真心对待每一名学生，认真地对待学生发生的每一个问题，在解决问题的过程中锻炼学生的能力。

在班级管理中，班主任更不能事无巨细，既要放手，更要明察秋毫；既要细心规划指导，还要放心大胆地让学生开展工作。例如主题班会，不能是班主任的"独角戏"，而是要把功夫做到"戏外"，指导班委会选定主题，审查修改方案，指导排练，水到渠成。要培养学生的主人翁意识，让他们为班级付出自己的智慧和汗水。班主任要学会"示弱"，不能只会挑学生的毛病，只会用批评一种教育手段。要多表扬干活的学生，树立一种"不求尽善尽美，只求尽心尽力"的氛围。给学生以机会，给学生以改变不足的机会。

5.2.2.6 容忍学生

中职学生正处于心理的"叛逆"期，他们富于感性，对于外来的教育、批评缺乏理性的分析。进入中职院校，他们完成了人生的第一次职业选择。他们的学习生活由普通教育向职业教育转变，学习方式由理论学习向技能训练转变，发展方向由升学为主向就业为主转变，他们将直接面对社会和职业的选择，面临职业竞争日趋激烈和就业压力日益加大的环境变化，因此他们在自我意识、人际交往、求职择业以及成长、学习和生活等方面难免产生各种各样的心理困惑或问题，危机时有发生。中职院校的生源相对来说属于低分数段考生，他们学习动力弱，主动性不强，学习习惯和行为习惯存在很大差距。"厌学"、"学不下去了"、"无所事事"的心态，容易衍生出诸多问题。他们到了中职阶段，在校住宿，开始独立的生活。虽然有"独立"的"快感",但也有"孤独"的"寂寞"。不同的性格特点、不同的学习和生活习惯的人,要在一起学习、一起住宿生活,需要对自我的约束与克制、对别人的关心与尊重。"老师,我都快疯了,受不了了,宿舍没法待了!"类似的抱怨、求援信号,是一线的班主任老师们经常遇到的事情。若不深入调查、不认真解决,就容易引发不利的负面影响。

师道尊严,教师有自己的职业尊严和个人的人格自尊。"容忍",就是包容学生的缺点和不足,包容学生的无礼和冒犯,这是非教师职业者所不能理解的事情。中职教师面对自己的教育对象,首先必须做好充分的心理准备。一些新入职的年轻教师,正是由于缺乏这种准备,"哭鼻子"的不在少数;一些在职多年的教师也正是由于缺乏这种认识和准备,才会产生对职业的无奈,所谓的"职业倦怠"不请自来。其次,教师要深入学生、接触学生、了解学生,把握学生的心理特点和行为习惯,对自己任课班级的学生争取最大限度的了解。这既是为了应对各种突发问题做好心理准备,也是为了寻找开"锁"的钥匙。再次,教师要学习心理学、教育学理论,学习教育教学的专业技能,博览群书,加强教育反思,在实践中增长教育的能力和智慧,在"斗智斗勇"的游戏中,完成自己的教育使命。

5.3　全面提升中职教师专业态度的方法

教师专业态度对教学效果有着确定的作用和影响,因此,通过改善教师的自身专业态度来提高教学效果,要比通过改善外在的环境,更具有实际的操作性。

5.3.1　树立正确的专业认知

5.3.1.1　打破思维定势,培养创新思维

信息时代,知识和技能的更新速度早已超出人们的想象,创新就是生产力。中职学生也渴望凭借自己的能力学得一技之长,为将来实现个人价值做好准备。这需要教师科学地加以引导,因材施教。

要改变学生根深蒂固的"应试思维",教师就首先应该转变自己的应试教育思维,培养自己的创新能力。具体来说就是,中职教师应该突破传统角色的限制,不能简单地把知识灌输给学生,而是要指导学生自主探索新知。这就需要教师更新教学观念,适应教育发展的要求,针对中职生的知识结构体系选择合适的切入点,设计具有时代特色和专业特点的课堂活动。

教师的专业认知决定了教师思维的高度和角度,这是履行教育教学职责的基本条件。专业认知就是教师首先应该明确教学是什么,以及怎样进行教学活动。中职教师的任务也应该是促进学生掌握相应的知识和技能,进而获得使其终身受

益的各种综合职业素养。

在知识"大爆炸"的时代,教师应该时刻有一种危机感,要随时发现新问题,分析和接受新思想,并且做好运用的准备。不但要熟知自己本学科领域的知识,还要关注其他学科对本学科的影响,这样才会在教学中游刃有余地展示知识之间的内在联系,培养学生的创新思维。

5.3.1.2 培养学生终身学习的能力

社会发展日新月异,知识更新换代越来越快,一个人如果不能迅速适应这种变化,就必然会被淘汰。对于中职学生来说,他们毕业后将直接走上社会。今后的学习,将不再是学校和课堂,而是工作的企业和岗位;他们将不再得到教师的指导和帮助,更多的是需要自我学习、自我提升,这就凸显了中职阶段"终身学习"能力的培养意义。

博鳌亚洲论坛2011年年会上,香港科技大学校长陈繁昌发言:"我们教育的目的不是为了维持生存,而是为了生活,学生不是超市里面的商品,检验合格后被某些企业领走。我们的教育应该尽力让学生拥有终身学习的能力,把学生交给企业,让学生在企业中继续学习。就业的过程其实也是继续接受教育和学习的过程。"

未来的社会的"文盲"将不再是不识字的人,而是不会学习的人。中职教育要从传统教育片面强调"知识"的藩篱中走出来,注重"能力"的培养,强调"动脑"和"动手"的结合,增强"学"与"做"的结合,既注重学生对基础知识、基本原理的理解和掌握,更注重培养学生在实训操作过程中的举一反三、解决问题的能力。因此,中职教师首先自己就要具备终身学习的意识和能力,一是为了解决每天遇到的新问题,二是给学生树立终身学习的榜样。有的班主任教师,本身学习的是外语专业,自己硬是通过学习和培训,考取了数控车工的技能等级证书,给学生以极大的震动,令学生佩服之至,其权威和领导力自然形成。其次,教师要指导学生学会科学的学习方法,包括学习语文、数学、外语这类基础课程的学习方法,也包括学习会计、数控等专业理论和实训课程的学习方法。再有,教师要指导学生养成良好的学习习惯,包括养成主动学习、探索学习、学以致用等学习的习惯和能力。真正让学生受用终生的不是在校学习到的课本知识,而是终身学习的意识和科学学习的习惯。

教育家陶行知在重庆创办育才学校的时候,要求全校的学生养成每天自省的习惯。用他的话来说,就是做到每天四问:第一问,你的身体有没有进步?第二问,你的学问有没有进步?第三问,你的工作有没有进步?第四问,你的道德有没有进步?在这当中,应该做到五个字,第一个字是"一",专一的"一";第二个字是"集",收集的"集";第三个字是"钻",钻研的"钻";第四个字是"剖",解剖的"剖";第五个字是"韧",坚韧的"韧"。陶行知先生归纳的四问五字，就是需要我们每天反思的内容与方法，给我们以极大的启发。

5.3.2　培养积极的专业情感

5.3.2.1　时刻充满正能量，积极关爱学生

爱是教育的基础，没有爱的教育无法走入学生的心灵。因此，可以说任何教育活动都有情感的作用，作为中职教师更应该以人为本，关爱学生，这样才能对学生学习起到意想不到的效果。

教师对学生的情感倾注最有效的方式就是沟通，中职学生正处在人生情感最丰富的阶段，会对生活和学习充满了困惑和疑问，这就需要教师走进学生的心灵深处，洞察学生的内心世界，找到问题的切入点，选择学生乐于接受的方式施教，从根本上解决问题。

教师要多与学生进行情感交流，适时适度地表扬和鼓励学生。当学生独自对问题进行透彻而有见地的分析后，教师一个简单的鼓励，会给学生带来无限的力量。教师还要巧妙运用肢体语言表达情感，比如点头和微笑等可以用来表示教师对于学生的关切之情。无论是在教学中还是在班级管理中都要经常与学生进行目光交流。教师这些无形中的鼓励和暗示，会增加学生解决问题的勇气和能力。同时，教师还应该及时表扬学生的进步，及时对学生的学习进行评价，激发其上进的意识，促进师生之间的情感交流。在教学中，只要教师倾注积极的情感去关爱学生，那么教师对学生的这份爱就一定能走进学生的心灵，消除学生的学习疲倦心理，为教学创造条件，从而促进学生的发展。

5.3.2.2　努力构建和谐的师生关系

师生之间的和谐关系，是一种影响教育教学活动的精神力量。在师生关系的建立过程中，起主导作用的是教师；建立和谐的师生情感关系，教师是关键。教师首先要树立以人为本的教育理念，教育的任务是培养人并促进人的发展。以人为本，对教师来说就是以学生为本，要关爱学生，要根据学生的身心特点进行启发和引导，从而激发学生的学习兴趣，发挥其潜能完成学习任务。除此之外，教师还应该树立师生平等的交往意识，克服以教师为中心的权威意识，改变居高临下、挑毛病的教学态度。中职教师应与学生平等地"对话"，并且尽力与学生打成一片，成为学生的知心朋友，使学生乐于接受自己的指导和意见。

和谐的师生关系需要教师在教学中创设民主、平等的学习氛围。自由民主的气氛是师生交流的基础，学生在学习中才能表现出自我意识、独立探究，成为学习的主体。学生才会不断克服内心的权威意识的障碍，主动大胆地和教师进行交流，体验学习的乐趣。

5.3.2.3　学会控制情绪，创造良好教育教学气氛

教师应该以一颗平常心和积极的情绪状态进行教学，给学生创造一个良好的

课堂学习气氛。在这样一种良好的课堂气氛中，教师和学生平等交流活动，容易调动学生的学习积极性。所以，教师应该注重对自身的情绪情感进行修炼和调控。

教育对人的影响是在潜移默化中实现的。教师个体也会有情绪的变化，必须理性对待，做好掌控。教师只有自觉地调控自身的情绪，才能在轻松愉悦的状态中进行教学，才能把自己的愉悦传递给学生。学生在轻松愉悦的状态下学习，易于实现良好的师生互动，提升教学效果。

在班级管理中，班主任老师面对繁杂的工作，更应注意自身情绪的调控。在发现问题时，如果能够控制情绪，用"冷处理"的方式解决"白热化"的问题，师生双方更容易达成一致。否则，就可能出现冲突和对立，其中的"难堪"，让师生双方都会心有余悸！

5.3.3 明确教师行为意向

教师的行为意向就是教师对待教学工作和学生的一种反应倾向，它并不是教师直接的教学行为，而是在行为表现之前的一种思想准备过程。要想教师有好的教育教学行为，应该先明确教师行为意向，科学地设计教育教学行为，这样才能够指导教师采取适合学生知识能力水平的教学行为方式。

教师应该以学生的发展为基准，以教学目标为出发点，分析教学中的实际问题，解决教师教学行为方式选择上的困惑。端正教师的行为意向，应从以下方面去思考：

（1）根据教学需要，精心设计课堂形式。无论教学内容是什么，都要设计出更为适合的教学形式。比如说讲了礼仪和职业生涯规划后，可以组织一次课堂仿真面试，考查学生对知识掌握程度。在课堂形式设计中，必须掌握更多的信息化技能，以便使课堂形式更加丰富多彩。必要时可以引入"翻转课堂"的教学理念，课本内容由学生课下预习，而课堂留给学生做讨论、展示等活动，并且教师可以给予学生个别指导，使学生的个性能够更加充分地发挥。同时教师在讲授过程中应富有启发性和艺术性，增强课堂教学的吸引力。教师要克服满堂灌，就必须少讲，只讲解经典的和关键性的问题，简单的概念理解应该交给学生自己去理解，放手让学生自己去分析探究。在学习中需要学生操作的，教师应该放手鼓励学生大胆去尝试。同时也要注意拿捏分寸，设置疑问让学生自己去探究问题的原因和规律，教师在适当的时机对学生进行点化和引导，会增加课堂教学的效果。这就需要教师了解学生的学习习惯和思维方式，摸清学生的知识积累，科学设计课堂讲授时机。

（2）合理利用课堂提问。课堂提问有助于检查学生对知识的掌握和理解程度，还能帮助学生锻炼自己独立分析解决问题的能力。课堂教学中教师要合理地规划和设计提问，从而帮助学生发现问题、解决问题，这将有利于激发学生对问题的探究和分析欲望。

预习问题的设置也很关键，一个好的问题能够引发学生的好奇心，使他们积极地阅读课文及材料，主动探索答案。这些正是预习所要达到的目标。教师应该让学生通过对矛盾冲突的思考得出解决问题的办法，为中职学生揭示真实生活。因此，预习问题可以选择两难问题。例如道德两难问题，"对于街头跌倒或突发疾病的老人，我们应不应该去扶？"正确价值观告诉我们应该去扶，但现实中却有做好事的人被"讹"了。这样就产生了"道德两难"。我们课堂的任务，不在于告诉学生一个结论或答案，而在于引导学生思考面对这个问题我们该如何做出正确的选择和采取最恰当的行动。

（3）预先制定班级管理策略。接手一个新的班级后，班主任应以最快的速度记住学生，也就是要把每一张面孔和相应的姓名相匹配。这是教师的基本功之一。在熟悉了每一个学生后，尽快想办法了解他们的家庭背景、受教育情况、个性特征、特长等方面的信息。搜集好这些信息后，班主任应以班级活动的形式发现学生身上的问题，然后默默地准备针对性的方案。根据不同班级的特点，班主任需要量身定制不同的班级管理策略，比如：学生性格普遍比较内向安静的班级，要尽量调动气氛，不能管得太死，少制定条条框框。相反，整体性格过于开朗外向的班级，必须制定严格的管理办法，并依规治班。有了这个行为意向，班主任在管理班级时就心中有数了。但是，这也要求班主任有足够的经验正确判断学生和班级的特点，否则，会出现水土不服的现象。如果出现问题，班主任应及时调整策略，决不能一成不变。

5.4　典型案例分析

【案例 5-1】

爱学生，爱教学

——传承工匠精神五十载

张宝喜老师从 1965 年考进劳动保护学校，到 2010 年退休后继续返聘回学校工作。经历了"学生—技工—教师—返聘教师"的角色转变，到现在一共 50 年了。怀着一颗感恩的心，只要身体还行，张老师都会为学校服务，他真心希望学校有更好的发展！一路走来，张老师对学校产生了深厚的感情，在他看来，学校是家，是根。作为一名教师，用"爱学生、爱教学"来总结张老师的教育生涯，是最贴切不过的了。张宝喜老师真心热爱教育事业，真心爱护学生们。他把学生当做自己的孩子一样培养，教学上严厉，生活上关心。

2010 年张老师指导尹巨森老师参加天津市中等职业院校"天煌杯"技能大赛，获得了车工组一等奖。徒弟眼中的师父是一个细心、负责的老师。他总是细心地指导学生合理地安排试件的加工工艺，优选切削参数，保证试件的加工精度，掌握得分点，并充分发挥选手的潜能，让参赛选手在最短的时间内完成试件的加工，夺取高分。同时，张老师还像父母一样照顾学生的生活起居，这种师徒关系一直延续了下来。学校许多优秀的青年教师都是张老师培养出来的，李涛老师、李玥老师、常明亮老师、杨志华老师、白泽森老师、谢磊老师都由张老师指导训练过，而这些老师都是劳动保护学校教学一线的主力，传承了张老师的精神与技术。

从 2010 年开始，每年张老师都为天津市中等职业院校技能大赛命题，张老师出的题不仅囊括各知识点，更因新颖、巧妙让各学校老师佩服。张老师曾以"神八升天"为灵感出过一套题，巧妙的设计，独特的构思，不禁让选手和很多教师赞叹：这简直是一件艺术品！而这其中的设计过程却让张老师费尽心思，一个微小的细节，一个参数的设计都是经过反复的演算。后来学校在这套题的基础上编写了一本校本讲义，降低难度后更加适用于教学，在理论体系上有较强的针对性，在实践环节中突出指导性和可操作性，充分体现了我校"大赛引领教学"的思想。

虽然年纪已大，可是张老师老当益壮，知识储备随时更新。过去，张老师都是手绘制图，但技术一点一点在发展，电脑制图早已取代了手绘制图。虽然年龄大、眼睛花，但张老师学习的脚步丝毫不受阻挡。张老师积累了三本厚厚的图纸册，最终掌握了画图软件，他的制图技术很多年轻老师都比不上！

（节选自《天津市劳动保护学校教师风采录》）

案例分析：张宝喜老师公而忘私的精神是中职教师的榜样。他求实钻研、无私奉献，用自己的言行去影响每一位学生，即使退休了对工作依旧是一丝不苟、认真负责。他不仅技术精湛，对工作精益求精，还致力于传承工匠精神。他把学生当做自己的孩子，无论是在学习上还是在生活中都给予学生无微不至的关怀，严格要求学生，坚持终身学习，处处为学生树立榜样。

在技能实践教学中，更加需要建立师徒情谊，这种感情像"父子"、像"朋友"更像"母亲手把手教女儿做缝纫"。因此，教师要倾注积极的情感去关爱学生，消除学生的学习疲倦心理，为教学创造条件，从而促进学生的发展。教育的任务是培养人并促进人的发展，尤其是职业教育，并不是为了应试，而是要充分发挥每个人的专长实现自身价值同时为社会做贡献。

实施建议：（1）用爱来感化学生。爱是教育的基础，没有爱的教育无法走入学生心灵的。因此，可以说任何教育活动都有情感的作用。作为中职教师更应该以人为本，关爱学生。教师对学生的情感倾注最直接最传统的方式就是沟通，要理解学生的内心世界，尽可能地走进学生的世界。首先学会聆听，只有积极聆听学生内心的需要，才能找到问题的切入点，走进学生的内心，选用学生接受的方式从根本上解决问题。

（2）树立"以人为本"的教学理念。"以人为本"对教师来说就是以"学生为本"，根据学生的身心特点进行启发和引导，从而激发学生的学习兴趣，发挥其潜能完成学习任务。教师还应该树立师生平等的交往意识，克服以教师为中心的权威意识，改变居高临下、挑毛病的教学态度。要成为学生的知心朋友，从而找到合适的切入点，激发学生对知识的探求。和谐的师生关系需要教师在教学中为学生创设民主、平等的学习氛围。自由民主的气氛是师生交流的基础，在这样的基础上，学生在学习中才能表现出自我意识、独立探究，成为学习知识的主体；学生才会不断克服内心的权威意识的障碍，主动大胆地和教师进行交流，体验学习的乐趣。

问题与测试

一、单选题

（1）教师的专业态度，是教师的（　　　）和教师的（　　　）共同作用的产物。

　　A. 信念；专业　　　　　　　　　B. 信念；认识

　　C. 信念；行为　　　　　　　　　D. 行为意向；信念

（2）教师专业态度包含专业认知、专业情感和（　　　）。

　　A. 信念　　　　　B. 专业知识　　　　C. 行为意向　　　　D. 专业敏感度

（3）（　　　）是教师在教学中所产生的一种情绪情感的体验。

　　A. 专业态度　　　B. 教师情绪　　　　C. 行为意向　　　　D. 专业情感

（4）行为意向是在认知和情感基础上产生的，是行为准备状态，是态度的（　　　）表现。

　　A. 内在　　　　　B. 外在　　　　　　C. 积极　　　　　　D. 消极

（5）教师本人的（　　　）、智力水平、接受专业训练的程度等因素都会对教师的价值观和教学观产生影响，进而直接影响教师的教学效果。

　　A. 专业知识　　　B. 情绪控制　　　　C. 个性品质　　　　D. 认知观念

（6）教师的（　　　）也可以理解为教师在上课前即将要采用何种的教学方式和手

段来完成教学任务，是教师直接采取教学行为前的准备过程。

    A. 认知水平   B. 行为意向   C. 专业知识   D. 课前准备

(7) 中职教师应树立育人为本、（   ）、能力为重的理念，将学生的知识学习、技能训练与品德养成相结合，重视学生的全面发展。

    A. 德育为先   B. 立德树人   C. 智育为先   D. 道德至上

(8) 中职教师在教育教学中，应遵循职业教育规律、技术技能人才成长规律和学生（   ），促进学生职业能力的形成。

    A. 身体发育特点   B. 智力发育规律

    C. 个性发展特点   D. 身心发展规律

二、判断题

(1) 态度是一个抽象概念，是人们对特定的人、事、物内在的想法及评价历程。（   ）

(2) 教师专业态度是除职业能力和职业知识之外的另一种职业修养。（   ）

(3) 教师的专业态度由教师的专业认知、专业情感和行为意向三部分构成。（   ）

(4) 专业认知就是教师首先应该明确教学是什么，以及怎样进行教学活动。（   ）

(5) 专业认知是教师对于自身的一个认识和评价。（   ）

(6) 行为意向是教师对待教育教学的一种基本的行为倾向，是在长期的教育过程中形成和发展的。（   ）

(7) 行为意向是在认知和情感基础上产生的，是行为准备状态，是态度的外在表现。（   ）

(8) 学生是学习的主体，发挥学生的主体性是课堂学习活动的首要特征。（   ）

(9) 自由民主的气氛是师生交流的基础，在这样的基础上，学生在学习中才能表现出自我意识、独立探究，成为知识的主宰。（   ）

(10) 教师应从学生的角度设计问题，将问题变为学生的问题而不是教师的，只有考虑到学生的知识积累、兴趣爱好和符合学生实际情况的提问，才能引起学生积极的思考。（   ）

三、案例分析题

    记得在一个寒冬的早晨，西北风呼呼地刮着。同学们在上晨读，书声琅琅。我刚到校，来到班上，手插在裤兜里，脸对着全班同学。这时，一个学生走进教室。我大声说："××，你为什么又迟到？把手放下站好？"忽然，我听到有人叫咕："自己也迟到。"一个女同学正在向旁边的同学使眼色，脸上露出不服气的神情。我心头一惊，正要发作的火一下子熄灭了。这事儿使我陷入深思。平时，一些看起来很细小、很微不足道的事情，由于没有重视，结果给了学生潜移默化、耳濡目染的影响。课上，有的学生被叫到前边板演，写完后粉笔随手往台上一扔，没有轻轻地放回粉笔盒；班干部使劲拍讲台桌要同学安静下来，这不都是我的行为在学生身上的再现吗？我感到，在学生面前，教师的一举一动都要十分审慎。数十双眼睛好像数十面明澈澈的镜子，照得教师毫发毕现，不容你有丝毫的懈怠。

阅读上述案例，回答问题：

（1）案例中，教师扮演的是什么角色？为什么？

（2）案情给了我们什么样的启示？

6 中职教师的个人修养

> "植根于内心的修养，
> 无需提醒的自觉，
> 以约束为前提的自由，
> 为别人着想的善良"
> 教师当如此……

6.1 中职教师个人修养的主要内容

个人修养，就是个人按照一定的规范和要求所进行的自我教育、自我改造、自我锻炼和自我提高等自觉活动，以及经过长期努力所达到的境界。其实质是使个人通过不断改造、不断提高和不断完善，达到理想的水平和境界。

个人修养的内容主要由思想修养、道德修养、身心修养、专业修养、礼仪修养五个方面构成。中职教师的个人修养也应包含这五个方面的内容，并且，中职教师个人修养在专业方面、思想道德和礼仪方面的要求更高，需要每一位中职教师在教学实践中提高思想认识、升华个人修养。

6.1.1 思想修养

思想修养主要包括坚定的社会主义理想信念、强烈的爱国情怀以及遵纪守法意识等，它在整个教师素质结构中起着决定作用。作为中职教师，面对即将步入社会的学生，更应加强自身的思想修养，为学生树立良好的榜样。

（1）中职教师应具备较高的政治思想觉悟、坚定正确的政治方向，树立正确的世界观、人生观和价值观。要坚定中国特色社会主义理想信念，坚持中国特色社会主义道路自信、理论自信、制度自信、文化自信，做党执政的坚定支持者，全身心投入到人民的教育事业中去。

（2）中职教师要有强烈的爱国情怀。热爱祖国是中华民族的优良传统和崇高的品德，是每个公民应尽的神圣义务。要对自己祖国和人民怀有深厚的感情，克己奉公，以为国家培养技能人才为荣。

（3）有遵纪守法的意识。遵纪守法是指每一个人都要遵守纪律和法律，尤其是要遵守与教育劳动相关的纪律与法律法规。遵纪守法是每个公民应尽的义务，也是公民行使其享有的各项权利的保障。中职教师应严格遵守法律法规，为学生树立榜样。

6.1.2 道德修养

道德修养是指个人在道德品质方面自觉按照一定社会或阶级的道德要求所进行的自我锻炼、自我改造和自我提高等思想和行为活动及其达到的状态。

（1）自觉践行社会主义核心价值观。党的十八大报告提出要积极培育和践行社会主义核心价值观，其中在公民层面提倡的"爱国、敬业、诚信、友善"，覆盖了社会道德生活的各个领域，是公民必须恪守的基本道德准则，也是评价公民道德行为选择的基本价值标准。

（2）中职教师应遵守的道德规范包括"爱国守法、明礼诚信、团结友善、勤俭自强、敬业奉献"的公民基本道德规范；"文明礼貌、助人为乐、爱护公物、保护环境、遵纪守法"的社会公德；"爱岗敬业、诚实守信、办事公道、服务群众、奉献社会"的职业道德；"尊老爱幼、男女平等、夫妻和睦、勤俭持家、邻里团结"的家庭美德等方面的内容。

（3）作为教师的道德修养，突出在把教师职业道德规范内化为个人的一种职业追求，外化为一种符合规范的良好德行，表现为踏踏实实、勤勤恳恳、教书育人、诲人不倦等良好品质。

道德修养，贵在自觉。中职教师一定要加强道德修养，提高自身识别善恶的能力、选择行为的能力、道德评价的能力，认真地履行自己的职责，承担起一名人民教师的社会责任。

6.1.3 专业修养

中职教师的专业修养，是指教师对自己所教授专业的精通与热爱以及课堂教学、班级管理艺术等方面的修养，主要包括以下三个方面：

（1）专业知识。教师是履行教育教学职责的专业人员，其首先应具备的就是相应的专业知识。教师的专业知识是指教师所应具备的科学技术文化知识及其掌握的程度，它是教师从事教育教学工作的前提条件。教师的专业知识，一是教师所"学"的特定的学科（或专业）知识，这是教师从事教学活动的基础；二是教师所"教"的特定的学科（或专业、工种）知识与能力，这是教师完成规定教学任务的必要条件。

（2）教学能力。教学能力是中职教师从事教育教学活动时应具备的重要能力，高超的教学能力能将教与学两个方面统一起来。它主要包括中职教师分析教材的能力、分析学生的能力、制订教学计划的能力、课堂组织教学的能力、良好的语言表达能力和实际操作等能力。

（3）班级教育管理能力。班级是中职院校的基本教学单位，承担班主任工作是教师的光荣职责。中职院校的班主任要在学校统一领导下，按照学校相关规章制度和培养目标要求，与任课教师及其他相关人员一道，认真履行学生思想工作、班级管理工作、组织班级活动、进行职业指导、开展沟通协调等工作职责。为此，中职院校的班主任必须具备相应的集体教育技能、个体教育技能、与任课教师和学生家长以及实习企业沟通等班级教育管理能力。

6.1.4　身心修养

身心修养是指个体在学习、生活、工作等活动中身体各种机能的状况和水平以及承受挫折、适应环境、调节自我的状况和水平，包括良好的身体素质和心理素质。

身体素质是指人体在先天遗传因素基础上，经过后天锻炼所形成的体格和精力等相对稳定的品质状态。健康的体魄表现为体格强健、身体健康、动作协调、精力旺盛等状态。相反，残疾、功能障碍、机体缺乏免疫力，整天"病恹恹"的这些状况，就是身体素质差的表现。"身体是革命的本钱"，没有健康的体魄，学习、工作、生活都无从谈起。

心理素质是在先天遗传因素基础上，经过后天的环境与教育的影响而逐渐形成的稳定的心理特征。心理是人对客观物质世界的主观反映活动，是一个知、情、意、行的统一过程。心理素质包括人的认识能力、情绪和情感品质、意志品质、气质和性格等个性品质，在人的社会活动中起到基础性作用。良好的心理素质是在后天形成的承受挫折、适应环境、调解自我的能力和状态，包括喜、怒、哀、乐的健康情感，拥有"不以物喜，不以已悲"的平和心态，"在胜利时和顺境中不骄傲、不自满，在困难时和逆境中不消沉、不动摇，经受得住各种赞誉和诱惑考验，经受得住各种风险和挑战考验"的意志品质等内容。

教师的心理素质就是指教师在教育教学过程中，面对教育教学问题的自我调控、自我协调和自我完善的能力与状态，它与教师的为人师表、师生关系、同事关系、教育方法、学生成长等有着直接的关系。教师良好的心理素质可以促进形成客观公正的态度，有助于健全完善的人格品质，保持稳定平和的心态，构建和谐的人际关系，激发出教育智慧的火花。心态平和的教师在问题学生面前、在学生的无礼或者冒犯面前，能保持客观、冷静、理智的头脑，选择正确的教育教学方法化解矛盾，在师德形象上表现为教育的智慧、对学生的耐心、对学生的爱心等。反之，若教师心态不平和，就容易被学生的无礼和冒犯所激怒，失去理智，做出一些超常的举动，如"把学生轰出去"、"体罚甚至殴打学生"，在师德形象上非常负面。

身心修养是中职教师必须关注的修养要素。在学习、工作和生活中，如果体弱多病、疲惫无力、精神萎靡、处处不适应、心神不定，其结果是不言而喻的。中职教师面对着活泼好动、精力旺盛的"不好管"的学生，面对着繁重的教育教学任务，面对着社会的期望，面对着承担"无限责任"压力，身心修养已经不是教师个人的"私事"了，它关系到教师的家庭生活、学校工作的稳定、教育教学质量的提高，关系到社会人才的培养。中职教师的职业角色应是学生人生的引路人，是学生的心灵导师，是学生所信赖和尊敬的人，这些都需要教师具有宽容、平和、乐观、积极、向上的健康心理状态。因此，身心修养是教师个人生活幸福的依托，是从事职业活动的前提条件，是成就事业的基础。

6.1.5 礼仪修养

礼仪修养就是人们在社会交往活动中应共同遵守的行为规范和准则。个人礼仪是社会个体的生活行为规范与待人处世的准则，是个人仪容仪表、言谈举止、待人接物等方面的个体规定，是个人的道德品质、文化素养、交际能力等内在修养和素质的外在表现。教师礼仪包含外表修饰、语言、表情、肢体等方面要求。

外表修饰是个人礼仪修养的重要组成部分，主要是指个人的衣着服饰、发型配饰、化妆等，它是个人内在修养和品格气质的外在表现。一个人的气质、涵养往往从他的姿态中就能表现出来，我们要时刻注意自己在各种场合的衣着打扮、行为举止，做到大方、得体、自然。教师服饰最大的功能不是通过衣着把自己打扮得漂亮，而是提高教师的自信魅力，增强对学生的影响力和感染力。

语言是传递信息的重要工具，也是个人内心世界的直接表露。我们要注意表达语言时应遵守的礼仪礼节，应该和气、文雅、谦逊、温和而有礼貌。言语交流是师生互动的基本方式，教师语言具有教育功能。用生动的语言去讲述知识能激起学生的学习兴趣，用理性而充满激情的语言去演讲，能够启迪学生智慧、震撼学生的心灵。

6.2 中职教师个人修养的作用

（1）个人修养是教师个人的名片。人们对于教师的评价，标准各异，但究其根本，无外乎两条：一是教师的绩效，这是有据可查、可以量化的很多指标；二是教师的个人修养，这可以从他对教育事业的态度上考察，可以从他对学生的态度上考察，可以从他讲课的态度上考察，可以从他批改作业的态度上考察，等等。教师对待教育以及其在教育活动中的态度和行为都可以考察，虽难以量化，但都是评价教师的最关键的要素指标。好教师，就是有良好个人修养的教师！

（2）良好的个人修养是教师实现良好人际交往的必要条件。教师的人际交往，在校园里主要表现为同事关系和师生关系。学校是教育的组织，学生的培养是通过教师集体来完成的，教师之间必须保持团结合作的关系，才能形成教育的合力。教师的职业是以学生为对象的，教师的价值体现在对学生的改造上，和谐的师生关系是教师完成教育教学任务必不可少的条件。在这些交往中，要构建和谐的同事关系、师生关系，需要教师良好的个人修养。

普通高中教师面对的常常是求知的渴望，而中职教师面对的往往是挑战的目光。中职教师要迎接挑战，决不能是"路怒族"的拔剑而起，更多的是要靠个人良好的修养去化解随时可能发生的矛盾和冲突。面对中职学生这一特定群体，正是对教师个人修养的真正考验。苏轼有言："匹夫见辱，拔剑而起，挺身而斗，此不足为勇也。天下有大勇者，卒然临之而不惊，无故加之而不怒。"是的，以修养对待修养，还不是真正的修养，以修养对待无礼和冒犯才是真正的修养。

（3）良好的个人修养是提升师德境界的保证。个人修养既有内在的品质，又有外的表现。一个浑身烟味的教师何以规劝学生别吸烟？一个穿得邋里邋遢的教师，何以要求学生讲究仪容仪表？一个连基本概念都讲不清楚的教师，何谈其爱岗敬业？教师的个人修养，不是教师个人的私事！良好的个人修养，是中职教师职业道德形成和发展的基础，是实现中职教师崇高职业道德的保障，是提升师德境界的保证。

（4）良好的个人修养是教师担当社会楷模的需要。"经师易得，人师难求"，其意是说教师要给人以人生的指点，要成为人之典范。社会对教师职业的期待，不仅在于教师掌握的专业知识有多深厚，关键还在于教师的人格的社会影响力。中职教师不仅要在教育工作中遵守教师职业道德，还要在日常生活中遵守家庭美德和社会公德，在各个方面都做到以身作则、率先垂范，以人格来培养人格，以灵魂来塑造灵魂。

（5）良好的个人修养是中职教师实现职业幸福的需要。追求职业幸福是所有职业者的理想，也是人生成功的重要标志。是"饱食终生"是幸福，还是"奉献他人"是幸福？作为中职教师，如果把工资待遇作为职业幸福的重要指标的话，那可能你的幸福将是遥遥无期！职业幸福，来自于良好的个人修养，来自于对教育事业的无私奉献。作为一名教师，兢兢业业地工作得到领导和同事们的好评；有教无类，关心和爱护每一名学生，使学生都得到发展；业务娴熟，技艺精湛，你的课得到学生的拥护，这些都是教师最大的幸福！

6.3　中职教师提升个人修养的方法与途径

6.3.1　发挥能动性，提高自觉意识

个人修养是中职教师出于完善自我人格的内在需要而启动的复杂艰苦的自身

磨炼过程。只有具备修养的自觉性，才能产生高度的修养热情，形成坚忍不拔的意志，把自我修养看成是一种享受，而不会感到负担和压力。所以，提升中职教师个人修养，中职教师首先要有自觉提高个人修养的意识。

（1）自我修炼意识。中职教师的自我修炼是教师根据职业教育的需要和个人价值自我实现的需要，有针对性地提高自身能力和素质，在各方面按照一定阶级或社会的要求，经过不断地学习、磨炼、陶冶，对自己进行自我教育和自我塑造的过程。中职教师自我修炼的意识不仅来自于对职业目标的追求，而且还来自于对社会、对学生的责任感，来自于对自我修炼意义和作用的理解。中职教师应该意识到自己的素质直接关系到学生的成长，关系到国家和民族的未来，关系到社会风气的好坏。当中职教师把这些认识转化为自己的迫切需要和强烈愿望时，就形成了自我修养的意识。有了这种意识，中职教师就有了修炼的动力，并把师德规范转化为自己行动的指南。这样中职教师才能满腔热情地、自觉自愿地去学习、去思考、去体验，从而提高自身修养。

（2）自我评价意识。中职教师自觉进行自我评价，是教师自我提升、自我完善的重要途径。中职教师通过自我评价能够选择符合其职业角色的道德规范，自觉履行道德义务；通过自我评价能够找出自身的优势和不足，按照角色道德规范对自身的思想与行为进行调节。中职教师自我评价可以通过三种方式进行：一是根据别人对自己的评价来评价自己；二是通过与他人的对比来评价自己；三是通过自我分析来评价自己。中职教师通过自我评价明确前进的方向，增强修炼动力，不断进步，不断提升自我。

（3）自我教育意识。中职教师要想提升个人修养，提高师德水平，就必须要根据社会所需要的师德品质要求，自觉进行自我教育。

要进行自我教育，中职教师就应该勇于开展自我批评，也就是对自己的缺点和错误进行自我披露和剖析。就是要求中职教师在自觉的基础上和科学理论的指导下开展思想斗争，正确认识自己，积极改善自己，去掉一切不道德的东西，完善自己的人格，提升个人修养，培养良好的师德品质。

6.3.2 知行合一，努力完善自我

6.3.2.1 注重身心健康是中职教师自我完善的前提

中职教师的身心健康是做好教育工作的前提条件。中职教师身心健康与否，不但会影响自己的工作和生活，而且会影响学生的身心健康，甚至会影响整个社会的健康和谐发展。所以，中职教师要有健康的身体和健康的心理。

A 中职教师应提高身体素质

（1）要注意饮食营养。在饮食方面，注意荤素均衡，营养搭配，多吃新鲜蔬菜和豆类食物，以保证身体获得全面的营养。中职教师还应具备科学的卫生常

识、营养膳食常识和良好的生活习惯。

（2）要坚持体育锻炼。体育锻炼有助于增强自身的生理调节能力、免疫力、抵抗力和适应力，使教师在日常的生活和工作中，能够保持充沛的精力、旺盛的体力和良好的承受力。要坚持锻炼，养成体育锻炼的习惯。繁重的授课任务、繁杂的学生管理事务、日渐增多的学校业务活动，教师们承受着超强的工作压力。要克服"没有时间"的惰性心理，合理安排时间进行锻炼，保证良好的身体素质和旺盛的职业精力。

（3）要合理用脑。中职教师的劳动是脑力劳动和体力劳动的统一体，"费力劳神"可以说是一种准确概括。教师们一定要讲究劳逸结合，注意大脑的合理使用。既要积极用脑，又要避免用脑过度。根据脑的生理特征，合理用脑首先要注意掌握自身"生物钟"的变化规律，尽量利用自己的最佳用脑时间，去完成最重要的学习和工作任务。中职教师经常这样做，就形成了动力定型，就能使大脑以最经济的消耗，收到最大的学习和工作效果。工作要讲求效率，不能拖拖拉拉，把工作带回家经常熬夜工作会使大脑产生疲劳，抗拒工作，效率反而会降低。

（4）要讲究用嗓卫生。由于教师用嗓时间长，声带负担过重，加上缺乏声带的保护意识，因此不少教师都患有声带疾病，既给教学带来困难，又给自己带来痛苦。讲究用嗓卫生，要注意科学的发音和用嗓方法，避免声嘶力竭的喊叫，需要大声说话时，应用丹田发音法，保护声带。还要注意保持咽喉清洁、湿润，上课前后，多喝些温开水或淡茶水。此外，还应饮食有节、力戒烟酒、少食辛辣食物等。

B 中职教师应注意维护心理健康

中职教师的工作强度较大，接触的问题学生多，在承担"无限责任"的过程中，容易使自己长期处于心理压抑状态。因此，中职教师更需要心理健康的维护。

（1）中职教师要以积极乐观的心态面对工作。"人生不如意事十有八九"，职业活动也不例外。中职教师面对的工作环境、教育对象复杂，工作中充满了许多不可预知的可能性，需要教师以积极乐观的心态来对待职业、看待问题。"世上没有救世主"，真正决定自己命运的还是自己本身。教师是具有一定文化水平的知识分子，必须自己提高认识，这是应有的自觉。要正确认识自己，结合自身实际，对工作做出合理的期望，悦纳自己。要用积极的心态，愉悦的心情，开展教育教学活动，以自己能为学生的健康成长、学校的进步发展贡献出一份力量而感到荣耀，享受为学生、为学校尽到责任的快乐。

（2）中职教师要掌握心理健康的基本常识。掌握基本的心理健康常识，学习常用的心理调适方法，增强抗压能力、学会放松，学会减压。当自己有职业倦怠感时，要及时发现，积极应对，反思自己的压力来源，并且理智、客观地看待压力对自身的影响，形成面对压力的良好心态。学会倾听和倾诉的技能，遇到情绪和心理不能自持时，要及时求助于他人，及时疏导。同时，如果发现自己有心理障碍或心理疾病时应寻求心理咨询或心理治疗。

（3）中职教师要保持阳光的心态和积极的正能量，就必须将自己和谐地融于社会之中，学会与人交际，善于与人交际，建立良好的人际关系。良好的人际关系使教师心情愉悦，对教师提高心理健康水平具有重要作用。

总之，中职教师的道德修养、专业修养等各种修养都是建立在身心健康之上的，中职教师的身心健康在加强中职教师职业道德建设中具有不可忽视的重要作用。

6.3.2.2　中职教师应注重道德修炼

中职教师只有把职业道德、社会公德、家庭美德内化为自身的道德需求，形成良好的道德品质，才能实现个人修养的自我提升。道德素养的提升使教师在教学中更加得心应手，能够享受教书育人带来的成就感，增强个人职业幸福感。

（1）中职教师要提高对道德修炼的重视程度。中职教师应提高对职业道德、社会公德、家庭美德的理解和认识，深刻理解道德规范和准则，不断强化自身道德的修炼，形成良好的道德品质。注意在教学和生活中，体现自身高标准的道德修养，为学生树立遵守道德规范的榜样。

（2）中职教师要培养良好的道德情感。一是要培养中职教师对教育事业的热爱和对学生的爱心，这是中职教师道德情感的核心要素。爱是教育最有力的手段，中职教师对学生爱的付出，可以变成推动学生进步的力量。二是要培养中职教师的自尊心、责任感、荣誉感。自尊心是中职教师渴望自身价值得到社会、集体和他人的认可与尊重的需要，是中职教师追求完美人格、实现人生理想的良好品质。责任感是中职教师做好教育工作的巨大动力。有了强烈的责任感，中职教师就能立足于本职，对工作极端负责任，教育教学精益求精，为教书育人而全力以赴。荣誉感会促使中职教师认真履行道德义务，为培养优秀人才奉献一切。

（3）中职教师要锻炼坚韧的道德意志。在教书育人的过程中，中职教师要付出比普通学校教师更多的耐心。因此，中职教师必须具有坚韧的道德意志。中职教师要培养自己的勤业精神、认真执教、诲人不倦的品质。在培养高技能人才的事业过程中，中职教师不仅要付出辛勤的劳动，而且有时还要做出某些牺牲。面对来自外界的各种阻力和障碍、各种非议和不理解，中职教师需要有顽强的毅力和坚持不懈的精神。"铁杵磨成针"，需要的是"工夫深"。只有经过长期的磨炼，中职教师的道德修养才会达到坚忍不拔、不受外界干扰的境界。

（4）中职教师应注重培养良好的道德行为。道德修炼只注重意识和意志方面的培养是不够的，主要是要落实到行动中，养成良好的道德行为习惯。也就是说，中职教师日常行为一定是符合职业道德规范、社会道德规范要求的，有利于社会和学生全面发展的、有价值的行为。中职教师只有形成良好的道德行为，才能在学生心目中留下美好的形象，促进教育事业的健康发展。同时良好的道德行为也会让中职教师感到付出的幸福，愉悦自己的身心。良好的道德行为一旦养成，肯定会促进中职教师形成良好的道德品质，使中职教师完善自我，提升自身修养，提高师德水平。

6.3.2.3 中职教师应努力提高自身的专业素养

"学高为师，身正为范"。无论教师教授什么专业或者学科，都要具备相应的专业知识和技能。中职教师从事教育教学工作，必须具备一定的专业素养，不仅限于本学科的知识，还应包括与教育教学有关的各种知识和技能。教师要完善自我，提升个人修养，就要通过广泛的阅读，获得深厚的学识，不断更新自己的教育教学观念，提高教学能力，以适应社会发展的需要，成为学生的良师益友。

A 不断增强政治上的坚定性

"人民教师"的称谓，决定了我们每一位教师都不是单纯的"教书匠"，而是学生政治成熟的指引者，是学生健康成长的指导者和领路人。教师要增强自身的政治责任感和敏锐感，把握住人才培养的政治方向，把握住教育教学内容不偏离正确的轨道，认真贯彻国家的教育方针政策，遵守教育法律法规，把立德树人的责任贯穿于自己教育教学过程的始终。

B 不断拓展专业知识与技能

娴熟的专业知识与技能，是教师履行教育教学职责的必要条件，是教师职业自信的重要保障。因此，中职教师要全面、系统地掌握所教学科的知识框架，了解相关领域的知识体系和内容，能够高屋建瓴，融会贯通地把抽象的知识具体化，使学生更容易掌握。专业教师和实训教师要注重相关专业技能的训练和掌握，把自己在实训操作过程中的体验和感受传递给学生。所有教师都应注意教师职业技能的提升，努力提高包括语言表达能力、课堂驾驭能力、沟通协调能力、信息化能力等教学技能。

C 提高人文素养，陶冶情操

教师的人文素养，是指教师所具有的人文精神及教师在日常活动中体现出来的思想、道德、情感、心理、性格和思维模式等方面的综合反映，表现为教师渊博的知识、优雅的姿态、幽默的谈吐、热情的交往、交往中的智慧，表现在对学生的尊重和成长的关心，表现在教书育人的责任感和使命感。

在知识爆炸的时代，学生们接受信息的渠道广泛，思维活跃，求知欲强。如果中职教师只局限于本学科的知识，不能满足学生多方面的需要，就会影响自身在学生中的威望，从而不利于教学的进一步展开。再者缺乏人文修养的教师，也难以给学生人文关怀。从某种意义上可以这样说：没有全面发展的中职教师，就很难培养出全面发展的学生。

因此，中职教师，特别是专业教师、实习指导教师，不能满足于个人对于专业知识、专业技能的掌握，还应该多阅读文化经典，学习历史知识、科学知识、哲学知识、美学知识、心理学等人文知识，提高自身的人文素养，在厚重的文化中寻找教育的智慧。

D　学习教育理论，不断提高教育职业技能

中职生普遍存在学习困难及沟通障碍现象，需要教师找到一把特制的"钥匙"。中职教师如果熟练掌握心理学知识和方法，实施有效的心理疏导，帮助学生走出心理问题的困扰，那么，不仅能建立良好的师生关系、教学关系、班级管理关系，而且也能增强中职生的心理自信，轻装前行。教育心理学是主要研究学校教与学情境中的个体及其心理现象，以及揭示学校教与学情境中个体的心理活动及其交互作用的运行机制和基本规律的一门科学。它不仅能为中职教师提供教学新观念和教学新方法，同时，可以指导教师做出正确的教育决策，帮助教师预测学生可能发生的状况从而加以控制，进而提高教师班级管理和教学水平。因此，中职教师需要掌握教育心理学知识，完善自我。

E　学习文明礼仪知识

中职学生正处于青春叛逆期，他们时刻关注着自己身边的教师，也时刻在评价身边的教师。教师站在讲台上，生活在学生中间，一言一行、一举一动都深深地影响着学生。

教师的服装应简洁而庄重、明快而得体，符合教师职业规范。比如：服装上的文字图案信息应该是积极的，尤其是年轻教师在购买服装时要注意服装的文字的含义，不要穿印有传递低俗思想字样的衣服。另外，教师的服装款式、颜色、洁净度都应符合教师身份。教师着重切忌搭配不合适、与年龄不符、太随便的休闲服装。

声音是教师礼仪中重要的一部分，也是教师教学的主要元素。教师动听的声音应该饱满、充满活力，能够调动学生的情感；语调抑扬顿挫，声调不太低，不尖锐刺耳，声音不嘶哑；音量适中，太大容易引起听觉疲劳，太低会影响听课效果；语速不要太快，也不能太慢，掌握好节奏，适当停顿，使重点突出。

肢体语言也是教师礼仪的重要组成部分。肢体语言要传递亲和力，避免消极的肢体语言，比如：抓耳挠腮、摸眼、捂嘴等具有说谎嫌疑的动作和双臂交叉、倚门而立等表达抵触疏远的姿态；以及抖腿摇晃等表达紧张不安或玩世不恭的动作。微笑是教师的一种积极的肢体语言，微笑使教师拥有无穷的教育魅力，教师对学生微笑能够营造一种轻松民主的师生交往氛围，能使学生感受到教师的理解和关心，能给学生自信，激励学生努力学习。因此，微笑是教师礼仪中的重要工具，学会运用微笑会使教师的个人修养提升事半功倍。

规范的中职教师礼仪有利于塑造中职教师的良好职业形象，有利于维护中职教师的职业尊严，有利于展示中职教师的人格魅力，有利于培养学生形成文明礼仪的习惯。

6.3.3 脚踏实地，落实到行动

中职教师个人修养的提高是一个复杂的、曲折的甚至有些反复的发展过程，不可能一蹴而就，需要穷其一生去追求。然而，实践中不乏言语的巨人，行动的侏儒。中职教师必须不断地实践才能进行自我教育、自我完善，从而提高个人修养。

6.3.3.1 打磨细节，树立榜样

中职教师的个人修养，应全方位体现在细节上。教师的言谈举止应符合教师行为规范和道德规范。不能停留在口头上，而应落实到行动中。"从我做起，从小事做起"，中职教师在实践过程中，凡是要求学生做到的事，自己应率先做到，与学生有关的事要亲自实行、亲自去做，一丝不苟。在遇到外界阻力和思想斗争的时候，要有坚强的决心和毅力，战胜自我，克服自身的缺点、弱点。严格执行教师行为规范和道德规范，教育管理中追求公平公正，不偏颇、不失公允。

6.3.3.2 恪守规范，做到慎独

在人前，由于各种规范的约束，人们会克制自身的欲望，控制自己的不良行为；而一旦在人后独处的时候，往往就会放松自己，任由自己本性为之，这是众人的常态。但是，"为人师表"是教师职业的特殊要求，必须做到表里如一、言行一致。"慎独"是教师提升个人修养的有效方法。"慎独"源于《礼记·中庸》中的"是故君子戒慎乎其所不睹，恐惧乎其所不闻。莫见乎隐，莫显乎微，故君子慎其独也。"它是指个体在无人监督时，仍能严格要求自己，自觉遵守道德原则，防止有违道德的欲念和行为的发生。慎独是自我修养的途径，也是所达到的一种理想境界。现实中，教师在课堂上往往比较重视自己的一言一行，尽力符合职业道德规范和社会道德要求；但当他们走出课堂，身处周围无人监督的环境中，还能否严格遵循道德规范行事则是对其自身修养水平的最终考验。中职学生思想发育不成熟，思考问题易片面，喜欢或厌恶一名中职教师可能只取决于他的一个偶然性举动。中职教师一个偶然性举动更可能改变一个学生的学习、生活态度，进而影响他的一生。因此，中职教师必须有高度"慎独"的自觉性，时刻做到为人师表、以身作则。

6.3.3.3 持之以恒，聚少成多

中职教师自我修养不是一朝一夕、一蹴而就的事情，要坚持不懈，持之以恒，要经过长时期的不断积累。

A 应注重日常自我反省

中职教师进行自我修养，要从小事做起，小事最能体现一个人的道德品质。

中职教师的一言一行，无时无刻不在教育着学生，无时无刻不在潜移默化地影响着学生的身心发展。中职教师稍不检点，就会对学生的成长发展产生消极影响。中职教师应该经常反省自己有没有伤大雅的言语、不得体的动作等，不放过任何一个有损中职教师形象的问题，做到防微杜渐，积少成多便成为一种修养的提升。

B　时时处处言行一致

中职生心理敏感，乐于接受新事物，但又缺乏明辨是非的能力。教师对学生的教育应该一以贯之，不能当人一套，背后一套，否则，就容易引起学生对师德形象的怀疑。因此，中职教师要时刻寻找隐藏在自己内心深处的不良动机和思想根源，随时清除之。教师要时刻保持谨慎不苟，坚持以"师表"的身份严格要求自己，认真备课，不敷衍了事，对待学生不偏不倚，对待权势不攀不附，保持良好的道德情操。长此以往，良好的行为规范成为习惯，提升教师的个人修养自然水到渠成。

C　坚持慎独，持之以恒

毛主席曾经说过："一个人做点好事并不难，难的是一辈子做好事，不做坏事。""十年树木，百年树人。"对于人的培养不是朝夕之事，需要十年，也可能更久。在持之以恒的修养过程中，中职教师还要随时抵御来自环境的各种影响，排除其干扰，做到"不忘初心"方得始终。作为职教人，追求个人修养的提升应是生命不息，奋斗不止，为国家职业教育贡献终身。

陶行知先生的名言给我们以警醒：

（1）"在教师手里操着幼年人的命运，便操着民族和人类的命运。"这说明我们的教育使命；

（2）"先生不应该专教书，他的责任是教人做人；学生不应该专读书，他的责任是学习人生之道。"这说明我们的"教"与"学"的关键；

（3）"因为道德是做人的根本。根本一坏，纵然你有一些学问和本领，也无甚用处。"这说明我们为师者修养的核心所在！

为了践行教育使命，为了个人职业幸福，中职教师一定要提高认识，坚持"慎独"，刻苦修炼，努力成为人民满意的"人师"、"楷模"！

【小资料】

周恩来同志的《修养要则》

一、加紧学习，抓住中心，宁静勿杂，宁专勿多。

二、努力工作，要有计划，有重点，有条理。

三、习作合一，要注意时间、空间和条件，使之配合适当，要注意检讨和整理，要有发现和创造。

四、要与自己的、他人的一切不正确的思想意识做原则上坚决的斗争。

五、适当地发扬自己的长处，具体地纠正自己的短处。

六、永远不与群众隔离，向群众学习，并帮助他们。过集体生活，注意调研，遵守纪律。

七、健全自己身体，保持合理的规律生活，这是自我修养的物质基础。

6.4　典型案例分析

【案例6-1】

辛勤耕耘三十载

——用人格影响学生

1987年，刚刚从师范院校毕业的李树香老师，怀着对教育事业的满腔热情来到了天津劳动保护学校这方教育的热土，一干就是三十年。三十年如一日，她把自己的青春和热血默默奉献给职业教育事业，在教育这块净土上辛勤耕耘，在中职教师这一平凡的岗位上，做出了不平凡的业绩。

几十年来，她共担任过个十几个班级的班主任。她不计时间、不计报酬，专心致志地关注着班级里每一个学生的发展和进步，她大量的休息时间都是在给学生补习功课、参与活动和电话家访中度过的。每天早晨踏进校门，李树香老师就像是上足了发条一样，总有忙不完的事。进入复习阶段，白天测试、辅导，没有批阅作业的时间，就在下午放学时带回家晚上批阅。所有付出的一切，在李老师看来都是自己的本分，从未有过抱怨。

在师生交往中，李树香老师的善解人意、幽默随和使学生愿意亲近，并心悦诚服地接受她指出的缺点、错误。同时，李老师的赞许与激励也鼓舞起学生的上进心。在课堂上，她是严格要求的师长；在课余，她是关爱学生的"妈妈"。

李老师担任班主任多年，手机从不敢离身，也从不敢关机，为的就是能让学生第一时间找到她。因为学生，凌晨赶往医院的次数，连李老师自己都记不清了。但是，半夜接到派出所电话的那次经历，让李老师终生难忘。

数九寒冬，睡梦中的李老师，被一阵急促的手机铃声惊醒。当得知自己的学生在派出所时，她连家人都没来得及交代，就只身一人披衣打车赶往派出所。原来假期在超市打工的学生，因涉嫌偷盗，被超市工作人员扭送至派出所。李老师见到学生，是又气又疼，但是面对着强悍蛮横的超市管理人员，为了不让学生前程尽毁，她动之以情，晓之以理，劝服对方，化解矛盾。凌晨一点，当李老师进家门时，收到了来自学生的短信——"李老师，谢谢您，我记住了……"孩子到底记住了什么？欲言又止的背后，李老师会心一笑，她说："作为中职教师，良好的师德是处理好师生关系的基础，良好的师德最根本的一点是爱学生。如果说一个中职教师不能对自己的学生产生感情，那么她所有的工作就无异于空中楼阁。拥有了爱心，是解决好学生问题的保证。"

李老师认为，中职教师是以其全部行为和整个人格来影响学生的，中职教师的一切行为都应该成为学生的表率。在日常生活中，李树香老师一贯严格要求自己，处处以身作则，做学生的表率。要求学生做到的，自己首先做到。要求学生不讲脏话，她带头使用文明用语；教育学生实事求是，自己被学生难住时，绝不装腔作势；要求学生按时完成作业，她首先做到及时批改每一份作业和试卷。下午考完试，为保证第二天早上把试卷发给学生及时巩固知识，连夜批改，经常工作到后半夜，学生接到批完的试卷，非常惊讶，也非常感动。要求学生讲卫生，她主动在班里捡拾掉在地上的纸屑……，这些做法对学生形成良好的思想品质和道德观念起到了潜移默化的作用。

案例分析：李老师给我们树立了勤勤恳恳、无私奉献的榜样，她的故事给我们以深深的思考。为什么李老师对教育事业能坚守如初，为什么她能在平凡的岗位上做出不平凡的成绩？

（1）中职教师在进行自我修养时要持之以恒。一个人做点好事并不难，难的是一辈子做好事，不做坏事。个人修养提升不是一夜之功，只有持之以恒才能达成修养的结果。李树香老师把自己融入教育事业中，融入她所喜爱的孩子们中间。她倾注自己全部的爱心，为学生的成长铺就一条阳光之路，她付出自己全部的精力，为党的教育事业增光添彩。

（2）用高尚的人格力量影响学生。我们作为中职教师要向李老师学习，以全部行为和整个人格来影响学生，中职教师的一切行为应该成为学生的表率。在日常生活中，李树香老师一贯严格要求自己，处处以身作则，做学生的表率。要求学生做到的，自己首先做到。要求学生不讲脏话，她带头使用文明用语；教育学生实事求是，自己被学生难住时，绝不装腔作势。

（3）孜孜不倦，造就良好的专业素养。李老师是数学专业的高材生，到了天津劳动保护学校工作以后也一直担任数学课的教学工作。她对中职数学教材可以说是烂熟于心，但是从不敢放松学习。教材后的练习题、所能搜集到的各种练习册，她利用大量的业余时间做了无数遍，熟练掌握各种题型的解题方法，寻找最简便的方案。凡是给学生留的作业题，自己必须事先做一遍，做到心中有数。

（4）对本职岗位的热爱。从教三十年，每天都是这样忙碌着，乐此不疲。按照课程表的安排授课，利用早晚自习的时间给学生讲解习题，寻找业余时间给有疑难的学生答疑指导。"所有付出的一切，在李老师看来都是自己的本分，从未有过抱怨。"这就是一位老教师默默无闻的奉献精神，映射出对教育事业的忠诚与热爱。

（5）高超的教育艺术。李老师对问题学生没有暴风骤雨式的批评，却能将一个个问题学生"降服"，她靠的是真诚、靠的是智慧。虽然李老师毕业于师范院校，但是当初的老师们没有教她怎么解决学生的"玩手机"问题，没有教她怎么样到派出所解决学生的问题，这一切能力和智慧都来源于在实践中的学习和感悟。实践出真知，但是在同样的环境中工作的人们，未必都能有如此的收获，这一切取决于她"默默地耕耘"。

"落红不是无情物，化作春泥更护花"，李老师一路走来，付出无限，收获更多！

问题与测试

一、选择题

（1）（   ）就是个人按照一定的规范和要求所进行的自我教育、自我改造、自我锻炼和自我提高等自觉活动，以及经过长期努力所达到的境界。

　　A. 礼仪修养　　　　B. 个人修养　　　　C. 思想修养　　　　D. 身心修养

（2）中职教师可以通过三种方式进行（   ）：一是根据别人对自己的评价来评价自己；二是通过与他人的对比来评价自己；三是通过自我分析来评价自己。

　　A. 自我评价　　　　B. 自我批评　　　　C. 评估　　　　D. 评价机制

（3）道德修养的（   ）是培养个体遵守一定阶级或社会道德的能力，使自身行为更加符合一定阶级或社会的道德要求。

　　A. 要求　　　　B. 目的　　　　C. 规律　　　　D. 规范

（4）（   ）是指在无人监督时，仍能严格要求自己，自觉遵守道德原则，防止有违道德的欲念和行为的发生。

　　A. 思想修养　　　　B. 道德修养　　　　C. 慎独　　　　D. 专业修养

（5）"先生不应该专教书，他的责任是教人做人；学生不应该专读书，他的责任是学习人生之道"是（   ）的观点。

　　A. 陶行知　　　　B. 俞洪敏　　　　C. 鲁迅　　　　D. 黄炎培

二、判断题

（1）培养中职教师对教育事业的热爱和对学生的爱护，这是中职教师道德情感的核心。（   ）

（2）任何人的道德面貌都不是生来就有的，也不是自发产生的，而是道德主体按照一定标准自我塑造的结果。（　　）

（3）身心修养即具有健康的体魄和健康的心理。身心健康是个人进行一切活动的前提条件。（　　）

（4）我们要注意表达语言时应遵守的礼仪礼节，应该和气、文雅、谦逊、温和而有礼貌。（　　）

（5）审美趣味是由个人主观爱好表现出来的，是指个体在审美实践的过程中对某些审美对象、审美情调和审美风格形成偏好和喜爱。（　　）

（6）提高个人修养是加强中职教师职业道德建设的重要途径。（　　）

（7）提升中职教师个人修养，中职教师首先要有自觉提高个人修养的认识。（　　）

（8）中职教师自觉进行自我评价，是中职教师自我提升、自我完善的重要途径。（　　）

三、案例分析题

案例1：某学校一位年轻的数学老师，课讲得不错，很有趣，但对学生的要求却也很严格。如果有人到黑板上演示题目出了差错，他就会劈头盖脸一顿"数落"。甚至有一次，一位男同学反复几次还是不能得出正确答案，他一怒之下就扯着学生的头发把头往黑板上撞，并吐出了粗俗的语言。那个男生从此在数学课上不再参与任何课堂讨论、不再回答老师的任何问题。

案例2：有位语文教师在写板书时写错了字，一位同学站起来当着全班同学的面说："老师，你写错了！"老师听了一愣，检查一遍仍未发现，便问："错在哪里？"这时，有好几位同学举手，她意识到真是有错，心里很不好受，心想，自己怎能在学生面前丢丑呢？但转而一想，只有知错必改，才会取得学生的信任，于是请第一位同学指出错在哪里。结果，她细看书上，大吃一惊，深感自己基础知识不扎实，备课时又疏忽。这位老师对全班学生说："这位同学学习认真、仔细，发现老师错了又敢于提出来，帮助老师改正，我们应该向他学习。今后，我们师生来比赛，看谁学习最认真、最细致。"这样全班同学都被老师这种平等求实的态度所感动，师生间又增添了一份情感。

阅读上述案例，回答下列问题：

（1）案例1中的数学教师的做法错在哪里？为什么？

（2）案例2中的语文老师的做法，你认为可取吗？为什么？

（3）假设你是一位在职的老教师，你对年轻教师有哪些忠告？

7 中职院校的师德规范

树高千尺植根沃土，
百般修炼只因托付，
严于律己不惜付出，
只因你是我的全部！

7.1 爱国守法

7.1.1 爱国守法的含义

爱国守法就是要热爱祖国，热爱人民，拥护中国共产党领导，拥护社会主义；全面贯彻国家教育方针，自觉遵守教育法律法规，依法履行教师职责权利，不得有违背党和国家方针政策的言行。

"位卑未敢忘忧国"，热爱祖国是一个人最起码的本分。一个人，无论其个人才能如何，如果背叛祖国、危害祖国，将为人所不齿。爱国，是实现个人价值和人生幸福的前提。"风声、雨声、读书声，声声入耳；家事、国事、天下事，事事关心"，这种把个人的追求与国家、民族的命运紧密结合起来的精神信念，就是我们所追求的家国情怀。

爱国主义是指一个国家的人民在千百年来的社会实践中形成的一种对自己祖国的最深厚的情感，是将个人命运和祖国命运紧密联系在一起的自觉意识，是调整个人与国家、个人与民族关系的行为规范。它包括爱国的情感、爱国的意识、爱国的行为等多层次的内涵。我们讲的爱国主义是社会主义的爱国主义，有着特定的时代内涵。习近平总书记明确指出："祖国的命运和党的命运、社会主义的命运是密不可分的。只有坚持爱国和爱党、爱社会主义相统一，爱国主义才是鲜活的、真实的，这是当代中国爱国主义精神最重要的体现。"

爱国必须守法。法体现着国家的意志，是国家维护社会统治的工具，良法和善法维护着社会的公平和正义。任何违法行为都会损害国家和社会的利益，因此守法是每一位公民必需履行的义务。

7.1.2 教师爱国守法的意义

7.1.2.1 爱国，教师的政治品质

（1）立德树人的使命，需要教师的爱国情怀。教师是教育的主体。《中华人民共和国教育法》（以下简称《教育法》）明确规定教育的任务是培养"社会主义建设者和接班人"，立德树人的根本任务要求把社会主义核心价值观融入教育过程，引导学生树立正确的世界观、人生观、价值观，这都有赖于人民教师的爱国情怀。

（2）教师履行职责的需要。《教育法》规定，国家在受教育者中进行爱国主义教育，如果本身缺乏爱国的意识与热情，作为教师、班主任，你还能理直气壮、满怀激情地开展好爱国主义教育吗？

（3）教师职业发展的需要。爱国，是一种情感，更是一种力量。无论是从国家和民族的发展来看，还是从个人的成长发展来看，爱国和爱国主义都具有无限的意义。志存高远、报效祖国，站在这样的高度，你就会发现平凡工作中的意义，原来那些琐碎的工作关乎一个人的成长、一个家庭的希望、一个民族的未来，你就会升华自己的职业情感，感受自己的职业责任，坚定自己的职业选择，在平凡的工作中做出不平凡的业绩。

7.1.2.2 守法，教师的法定义务

对于教师的职业活动来说，守法，就是要依法执教。只有守法，才能有职业的权利和自由。

（1）法律是基本的行为规范，设立的是行为底线。以《教育法》、《教师法》为代表的教育法律法规是教师职业活动的基本行为准则，维护着基本的教育秩序，依法执教是教师的法定义务。

（2）违法，不能从事教师职业。我国实行教师资格制度，使教师成为受人关注的实行资格准入制度的职业。《教师法》第十四条规定："受到剥夺政治权利或者故意犯罪受到有期徒刑以上刑事处罚的，不能取得教师资格；已经取得教师资格的，丧失教师资格。"因此，不守法的人、受到相应刑事处罚的人，甚至严重违反教师职业道德的人，将无法从事教师职业。

（3）依法执教，是师德修养的现实需要。法律明确规定人们的权利义务，规定了为或不为的条件及其结果。依法执教，强调教师的教育教学行为必须依照法律的规定去做，行使自己的教育权利，履行自己的教育义务，尊重受教育者的权利。法律是以强制力保证实施的，违反了法律规定，就会给自己、给学生、给学校、给教育事业带来极大的消极影响。

7.1.3 教师爱国守法的要求

爱国守法是教师师德修炼的永恒主题，是教师师德修养的基础。

（1）要树立坚定的理想信念。要加强学习，不断强化自己的爱国情怀，坚定自己献身于人民教育事业的崇高理想。要有爱国之心、报国之志，更要有报国之行。教师的爱国情怀，突出表现在对教育事业的责任感和使命感，表现为倾心于教学工作，忠于职守，埋头苦干，不图名，不为利，为祖国的教育事业默默无闻地奉献着自己的一切。

（2）要自觉遵守法律法规。爱国守法关乎教师的个人利益，更关乎国家和社会的未来。每一名教师，都应自觉地用法律来规范自己的言行，不做任何危害、有损国家安全、荣誉和利益的事情，不做任何法律禁止的事情。在教育教学活动中要做到高标准，严要求，知高线、明底线，自觉遵守法律法规，依法履行教师的职责权利，合法、规范、严谨地完成自己的教育教学任务。

（3）做爱国守法的模范。"师者，人之楷模"，教师所从事的教育事业，不仅通过其教育内容来实现教育作用，更重要的是通过教师自身的行为和人格魅力来教育、感染每一名学生。爱国守法，既是对教师的职业道德要求，也是教师实现职责使命的必须。

7.2 爱岗敬业

7.2.1 爱岗敬业的含义

爱岗敬业就是要忠诚于人民教育事业，志存高远，勤恳敬业，甘为人梯，乐于奉献；对工作高度负责，认真备课上课，认真批改作业，认真辅导学生，不得敷衍塞责。

爱岗，就是热爱自己的本职工作，热爱自己的工作岗位。敬业，就是指恭敬、严肃、认真对待自己职业的态度。爱岗和敬业是互相联系、互相区别又相互促进的关系。

从二者的联系来看，爱岗是敬业的基础，敬业是爱岗的体现。不爱岗就很难做到敬业，不敬业也很难说是真正的爱岗。

从二者的区别来看，爱岗更多是一种情感体验，敬业更多的是态度和行为体现。

同时，爱岗和敬业又是相互促进的。自己喜欢的、热爱的岗位，从内心深处愿意从事的工作，一个人就会舍得付出，全身心地投入，"越干越想干"、"越干越高兴"，就能够在爱岗敬业的实践中感受到职业的幸福和快乐。对于自己不喜欢、不愿意干的工作，如果能够认识到岗位工作本身对于他人、对于社会的义务和责任，也会促使人们严谨地对待自己的工作。庸医误人命、庸师误人生。虽然当教师未必是自己的职业首选，但一旦进入了教师行业，如果认识到"不好好地教学生，会耽误他们一辈子"的职业责任，就会想方设法地提高教育教学水平。

爱岗敬业作为职业道德基本规范，就是希望从业者干一行爱一行，爱一行钻一行，精益求精，尽职尽责。

爱岗敬业是社会主义职业道德的一项基本规范，是从业者是否具有职业道德的首要标志，也是当今倡导的工匠精神的重要内涵，是工匠精神的力量源泉。

7.2.2 教师爱岗敬业的意义

（1）爱岗敬业是教师处理与教育事业之间关系的准则。对待自己从事的职业和岗位的情感和态度，是包括教师在内的所有从业者都不可回避的问题。爱岗敬业是国家和社会对每一名从业者的基本期待。忠诚于人民的教育事业，志存高远，勤恳敬业，甘为人梯，乐于奉献，是爱岗敬业的表现，不得否认或者违背之。

（2）爱岗敬业是教师安心乐教的基本要求。敬业作为职业态度，其形成动机主要源于两个层面：一为谋生而敬业。为了生计、为了更好地生活，选择了某种职业、选择了在岗位上有良好表现，创造更多的业绩。二为事业而敬业，真正认识到自己工作的意义，这是做好工作的一种强大、持久的精神动力。

现实的求职环境，难以实现兴趣选择，因而人们选择职业首要的动机是需要。由于需要，选择了教师职业，就应该明白这种职业的社会责任与期待，从而在需要的基础上培养自己的兴趣，增强责任心、锻炼职业技能，做好本职工作，这就是所谓提高认识和觉悟的结果，强调的是先敬业而后爱岗。从当今中职院校师资队伍的构成来看，这应当是最为强调之处了。

（3）爱岗敬业是教师岗位成才、职业发展的需要。

1）爱岗敬业是为人师表的要求所决定的。"教书育人"，教书只是手段，育人才是目的，教书育人的使命要求教师必须努力做到"为人师表"。习近平总书记提出，广大教师要"做学生锤炼品格的引路人，做学生学习知识的引路人，做学生创新思维的引路人，做学生奉献祖国的引路人"，这种"引路人"的使命要求，更加强调了教师为人师表的责任。教师对待教育教学工作的态度、对待学生的态度、教师在学生面前的一举一动，都直接影响着学生。要真正承担起培养高素质、高技能的社会主义建设者和接班人的重要职责，承担起引领社会风气、激发正能量的社会责任，国家和社会就必然对教师的爱岗敬业提出更高的要求，这不仅事关教育本身，还事关国家和民族的发展，是一件大事情。

2）爱岗敬业是教育劳动的特殊性所决定的。不同于农民种地，也不同于工人的生产，教师的工作对象是人，是对人的改造，其工作的效果非一日之功，也很难用数量来衡量。教师工作是"良心活儿"的特殊性，使得学校的制度、量化指标的效能受到限制，真正能对教师职业行为起制约作用的还在于爱岗敬业的自我意识与要求。

3）只有爱岗敬业，教师才能有所作为。选择了教师职业，以育人为己任，把自己的全部精力献给教育事业，把学生的成长当成自己的快乐，你就会心无旁骛地站稳教坛，辛勤耕耘，默默奉献，无怨无悔；你就会认真地写好每一份教案，不断创新教学的方式方法，耐心地回答学生提出的每一个问题，细心地评判每一份作业，研究每一次教学的成与败。久久为功，你就会逐渐从青涩走向成熟，你就会感受到收获的幸福！

7.2.3 教师爱岗敬业的要求

（1）增强热爱教育事业的职业情感，做到"乐业"。无论当初动机如何，既然已经走上教师工作岗位，就应当面对现实。

1）要了解教师职业的纪律和规矩，知道行为的"底线"，避免由于违纪处理产生对教师职业的负面体验。

2）要认识教师职业的责任和使命，增强自己的事业心和责任感，以便于自觉地履行工作职责。

3）要培养自己对教师职业的兴趣，实现"工作并快乐着"的理想状态。

4）要培养自己对所在学校的感情。对自己工作的学校单位的情绪体验直接影响自己对从事职业的态度。在实行双向选择、公开招聘的制度环境下，既然是自己报考的学校、是自己选择的职业，就没有理由对自己的选择持负面的评价。

5）爱岗敬业还取决于一个人的人生态度。"君子坦荡荡，小人长戚戚"，乐观、积极、向上的人生态度是与爱岗敬业的职业态度同向而行的。

（2）认真对待每一项工作，做到"勤业"。对于教师来说，爱岗敬业就应当对教育教学工作高度负责，认真备课上课，认真批改作业，认真辅导学生，不得敷衍塞责。

1）要遵守劳动纪律，不迟到、不早退，出满勤、干满点，不随意调代课。

2）忠实地履行岗位职责，也就是要认真执行各种教育教学纪律、规定，一丝不苟地完成工作任务。要提前备课，避免不备课、无教案上课；不能拿着教案、教材照本宣科；不能随意找学生替自己评判试卷；不得随意写个"阅"字就把作业批改完事；不得凭着自己的好恶对待学生等。

3）以工作为重。教师的教育教学工作，早已超出"八小时"的范畴。教师的学习提高、备课写教案、给学生答疑解惑、解决学生行为问题等等，往往都是在课下、在八小时之外完成的。虽然为了教师的健康，不强调废寝忘食、带病工作，但教师的责任使然、教师的职业风险存在，使得教师必须、也不得不如此。

（3）努力提高教育教学能力，做到"精业"。教师爱岗敬业，也表现在扎实的学识上。

1）要不断地加强学习，努力提高学识水平和教育教学技能。

2）要有永不满足的进取精神。用毕每一份教案、上完每一堂课，教师都会发现许多需要改进之处。教学小结、教学反思、课题研究等，都是教师不得忽视的自我提升的途径。

3）要有创新意识。"铁打的营盘流水的兵"，教师的工作年复一年、日复一日，似乎在重复昨天的故事。然而，面对社会的日新月异、面对越来越高的社会期望、面对一个个鲜活的面孔，昨天的故事已经不能满足今天听众的需要。教师必须要分析新情况，研究新方法，解决新问题。

"爱岗敬业"是教师职业的本质要求。没有责任就办不好教育，没有感情就做不好教育工作。教师要始终牢记教育使命，志存高远，把个人的发展和社会的进步紧密联系在一起，用自己的满腔热忱书写对人民教育事业的忠诚。

7.3 关爱学生

7.3.1 关爱学生的含义

关爱学生就是要关心爱护全体学生，尊重学生人格，平等公正地对待学生；对学生严慈相济，做学生良师益友；保护学生安全，关心学生健康，维护学生权益；不讽刺、挖苦、歧视学生，不体罚或变相体罚学生。

7.3.2 教师关爱学生的意义

（1）关爱学生是教育使命的必然要求。教育大家夏丏尊先生曾说："教育没有情感，没有爱，如同池塘没有水一样。没有水，就不能称其为池塘。没有情感，没有爱，也就没有教育。"教育的终极使命是育人，培养的是德智体美等全面发展的人，必然要求教师要关爱学生，关注学生的安全与健康，关注学生健全人格的培养。

（2）关爱学生是教师处理师生关系的基本准则。和谐的师生关系，是"教得好"与"学得好"的必要条件。从法律关系上说，师生双方是平等的，不存在任何的人身依附；然而从教育过程来说，就存在着向师性的问题。教师对学生，尤其是对未成年的中职生来说具有天然的权威性。因而在处理师生关系过程中，需要教师付出更多的关爱。

（3）关爱学生是一种有效的教育手段。教师的关爱，满足了学生得到关注、得到认可、得到帮助的渴望，是激发学生成长的力量。接近学生、了解学生、信任学生、关爱学生，是增强教师威信、提升教育教学效果不可忽视的重要条件。

7.3.3 教师关爱学生的要求

爱与恨是一种自然的情感，"爱自己的孩子那是一种本能"，而老师对学生的"爱"闪烁着一种理性的光芒，是一种最伟大的爱！

（1）教师对学生的爱，是"不偏不倚的爱"。教师要关心爱护全体学生，尊重学生人格，平等公正地对待学生。教师要了解学生、尊重学生，不能人为地把学生分成三六九等，区别对待。要把对学生的关爱惠及到每一名学生，包括"好"学生也包括"坏"学生，包括"聪明学生"也包括"笨"学生，包括"听话"学生也包括"调皮"学生。教师应当做到"有教无类"，不能歧视任何一名学生。

（2）教师对学生的爱，是"严而有爱"。教师要对学生严慈相济，做学生的良师益友。教师对学生的爱，前提是尊重，根本是严格，目的是发展。没有严格要求，就不是关爱；没有发展目标，就不是教师的爱。教师不能护短、溺爱学生，而是在严格要求中诠释教师的爱，要言而有理、严而有度、严而有方。

（3）教师对学生的爱，是"全方位的爱"。教师要保护学生安全，关心学生健康，维护学生权益。保护学生安全，是 2008 年教育部在修订《中小学教师职业道德规范》时首次增加的内容，这是由中小学教师职业特点所决定的。对于自我保护意识和能力较弱的未成年人群体，教师应当负有必要的保护责任，这也是履行《教师法》"关心爱护全体学生，制止有害于学生的行为或者其他侵犯学生合法权益的行为"的法定义务要求。在教育过程中，无论是自然灾害、意外事故，还是不法侵害，教师都有义务、有责任保护学生安全。教育要培养人格健全的社会成员，加速学生的社会化进程。在教育教学过程中，教师要尊重学生，不得讽刺、挖苦、歧视学生，不得体罚或变相体罚学生。

7.4 教书育人

7.4.1 教书育人的含义

教书育人就是要遵循教育规律，实施素质教育，循循善诱，诲人不倦，因材施教，培养学生良好品行，激发学生创新精神，促进学生全面发展，不以分数作为评价学生的唯一标准。

7.4.2 教师教书育人的意义

（1）明确了教师的职责。就职业院校而言，教书就是指向学生传授文化知识和专业理论，培养学生的科学文化素养，训练专业技能；育人就是指将社会主义核心价值观贯穿于教育教学过程的始终，对学生进行思想、政治、道德、法律以及心理健康等教育，促进学生人格发展，养成良好的品行习惯。立德树人的教育使命，有待于学校实现；而教师是学校的主体和教育的实施者，应当在自己的工作过程中促成教育使命的实现。因此，教书育人既是教师区别于医生、律师、警察等其他职业的根本特征，也是教师职业的根本职责，是教师的天职。

教书与育人是同一个教学过程的两个方面，而不是两个阶段。忽略任何一个方面，或者把二者割裂开来的做法，都是不完整的教学过程。在教育教学过程中，教师必须把教书和育人有机地结合起来，这样才能培养德智体美等全面发展的合格人才。

（2）强调了教师"教书"的责任。教书的责任有三：

1）传授知识与技能。不具备一定的知识与技能，"无知"之人有何用？

2）传授学习知识与技能的方法，养成良好的学习行为习惯。单纯的知识掌握、"啃书本"之人，适应不了社会发展的需要。

3）借助教书的过程实现育人。从广义来说，传授知识，使之由无知到有知的过程，都是育人。而此处所指育人，是指对人的思想政治素质、职业道德素质、身心健康等素质的培养。在职业院校，专业课、实习实训中的尊重劳动、崇尚技能、时间概念、质量意识、精益求精、工匠精神等都是育人的重要内容。无论是文化基础课，还是专业课或者实习实训课程，在教书过程中都必须重视其所承担的育人责任。

（3）突出了教师示范作用的"育人"价值。教师教书要育人，但教师育人何止在教书。

1）教师本身对于学生的影响，不仅在于其所授课程的内容，也在于教师本身。教师本身就是最好的育人工具。

2）教师的言行对学生的影响。学生具有明显的向师性特征，在师生关系中、在教学过程中，教师始终处于主导地位，其一言一行都可能会对学生产生持久的影响。

3）教师的价值观对学生的影响。教师的世界观、人生观、价值观，必然会在教学对象身上映射出来。教师在教学内容或者在待人接物等过程中的价值倾向，会对学生具有明确引导作用。

7.4.3　教师教书育人的要求

（1）遵循教育规律，实施素质教育。教师要遵循教育规律，实施素质教育，培养学生良好品行，激发学生创新精神，促进学生全面发展。中职院校的教育，不能限于"一技之长"的培养，更要着重于学生未来发展，实施以培养受教者的态度、能力，促进其德智体等全面发展为基本特征的素质教育，使学生学会做人、学会求知、学会劳动、学会生活、学会健体和学会审美，成为有理想、有道德、有文化、有纪律的社会主义建设者和接班人。

（2）要科学施教。教书育人强调的是对"人"的培养，教师的教育教学活动应当遵循科学的教学方法原则。

1）循循善诱，就是指在教育工作中，不能急于求成，要耐心地、有步骤地引导学生，启发自觉，激励动机，鼓励学习，改进行为，健康成长。循循善诱，不急不躁，不仅是一种教育的原则和方法，也是对教师要科学育人的现实要求。中职学生的学习动力相对不足，学习基础较为薄弱，缺乏良好的学习习惯，这都考验着教师的师德水准和教学智慧。

2）诲人不倦，就是指要坚持对学生进行长期的、反复的、耐心的教育。育人是对人的改造，是对品质的养成，非一日之功。中职院校教师往往会与那些"问题生"打交道，这更需要他们修炼诲人不倦的师德品质。只有依据党的教育方针和青少年成长的客观规律，通过各种途径和方法，克服各种困难和阻力，坚定不移地对学生进行严格教育，才有可能达到目的。诲人不倦，要求教师倾尽全力去履行自己的职责，关爱学生、教育学生，它反映着教师对教育事业和本职岗位的态度，反映着教师对学生的情感，是教师师德的重要内涵。

3）因材施教，就是指教师要从学生的实际情况、个别差异出发，有的放矢地进行有差别的教学，使每个学生都能扬长避短，获得最充分的发展。教师不能"一本教案走遍天下"，不能"上完课就走"，不能忽视答疑、作业批改等发现问题的环节。因此，因材施教原则要求教师一是要尽快熟悉和了解授课班级学生的特点及实际情况，掌握第一手材料；二是要针对学生的特点备课和上课，进行有区别的教学与辅导答疑；三是要采取有效措施，使学生的个性得到尊重、特长得到发展。

（3）要克服"唯分数"、"唯奖牌"的倾向。普通教育的高考、职业教育的技能大赛，在推进教学改革和人才培养方面具有引领作用，然而它也形成了"普通教育有高考，职业教育有技能大赛"的态势。一些学校和老师为了"分数"、为了技能大赛的"金牌"，忽视了对学生的全面培养和对全体学生的培养，对学生进行单一性技能的重复训练以求得其熟练和成绩；集中学校的师资、设备等资源给个别学生"吃小灶"；"职业院校讲的就是技能，其他都是瞎掰"，忽略基础文化知识，忽略德育、体育、美育等教育，培养出一个个技能熟练的"机器人"。在实施素质教育，特别是当前强调学生核心素养培养的背景下，"分数论"、"金牌论"，都是与教书育人的要求格格不入的。

7.5　为人师表

7.5.1　为人师表的含义

为人师表，就是要坚守高尚情操，知荣明耻，严于律己，以身作则；衣着得体，语言规范，举止文明；关心集体，团结协作，尊重同事，尊重家长；作风正派，廉洁奉公；自觉抵制有偿家教，不利用职务之便谋取私利。

7.5.2　教师为人师表的意义

7.5.2.1　为人师表对学生的教育价值

（1）教育劳动的特殊性。教育活动中，教师"时时"、"处处"、"事事"无不对学生发生着思想的、情感的、知识的、行为的等多层面、多形式的影响，这既可能是有意为之，也可能是无意"插柳"之果。

（2）良好师表是教师实施教育的重要资源。教师的品行、生活习惯、对每一现象的态度都这样或那样影响着全体学生。"其身正，不令而行。其身不正，虽令不从。"教师要实现对学生的教育培养，就必须发挥为人师表的价值。试想一位手里夹着雪茄的教师，何以劝止在校园里吸烟的学生？一个整天怨声载道、喋喋不休的教师，何以培养学生的良好心态？没有高尚的品德，就不可能教育出品德高尚的学生。

（3）"亲其师，信其道"。敬业爱岗、关爱学生、以身作则、诲人不倦的教师，其人格魅力会使学生喜欢他，更乐于接受他的教导。原苏联教育家克鲁普斯卡娅说："一个深受学生爱戴的老师所说的话，比一个与他们格格不入的受他们鄙视的人所说的话，他们接受起来是完全不同的，从后者口中说出来的话即使是崇高的思想，也会变成可恨的东西。"无论是知识、技能，还是为人处世的道理，都会因为对教师的接受而变得容易起来。

7.5.2.2　为人师表对教师专业发展的价值

（1）为人师表有助于教师获得积极的职业体验。爱岗敬业、无私奉献、爱生如子、诲人不倦，优秀教师为人师表的事迹和形象，会得到国家和社会的肯定、学生和家长的尊重，会激励教师更加积极主动、高质量地完成教育任务，为社会培养更多的有用人才。

（2）为人师表有助于教师的育人效果。实践中，有的老师苦恼于"学生不听话"，而有的老师"不出手"就能让问题学生乖乖就范，出现这种现象的原因就在于教师的威信上。有威信的教师能够让学生产生信任感，更容易接受其教导与要求。而这种威信靠的不是老师的"横"与"狠"，而是如爱因斯坦所说：

"学生对教师尊敬的唯一源泉是教师的德和才。无德无才的教师是绝对不可能受到爱戴和尊重的。"因此,要树立教师的威信,教师必然要为人师表。

(3)为人师表能促进教师自我提高与完善。教师如果认同为人师表,就会严于律己,要求学生做到的,自己要首先做到,要求学生不能做的,自己坚决不做;处处为榜样,事事做表率,以身作则,树立教师的威信,达到为人师表、教书育人的目的;就会钻研业务,更新观念,探索科学的教学理念和教学方法,引领学生去发现问题、分析问题、解决问题,培养学生的探索、创新精神。

7.5.2.3 为人师表对社会的价值

"天地君亲师",在中国古代,尊师成风。那些有关教师的定义,都与"表仪"、"模范"等词汇联系在一起。西汉的杨雄说,"师者,人之模范也",反映出古人对"为人师表"的高度重视。而至今日,"教师"似在校园,而"老师"则已越过围墙,凡是那些在思想、品德、知识、经验、技能等方面胜于己、于己有所帮助的人都可称为"老师"、"师傅"。

(1)教师是高素质的社会职业群体。截至 2015 年,全国各级各类学校共有专任教师 1539 万人。教师具有较高的学历,乐于接受新事物,具有不断变革的思想观念。作为社会成员,教师群体的思想道德素质直接影响社会道德素质水平。

(2)教师的师表作用直接影响"下一代"。通过为人师表,教师把做人和育人统一起来,时时处处做学生的良好榜样,以大方得体的仪表、稳重端庄的举止、亲切和蔼的态度、文明礼貌的语言、严谨稳重的行为和高尚的道德情操等,形成一种无声无形的教育动力,去感召、启迪、影响学生。

(3)学校是文化的象征,教师是文明的种子。教师通过学生影响到学生的家长、亲戚及好友,也可直接影响到社会。作为高素质的社会公民,教师在参与社会生活的过程中发挥着文明传播的功能,影响和带动着良好社会风气的形成。

"为人师表"是教师的永恒价值,是教师职业的内在要求。

7.5.3 教师为人师表的要求

"学为人师,行为世范",是当代中国最具代表性的教师摇篮—北京师范大学的校训。然其意义早已超出北师大,成为所有教师的座右铭。当年为北师大手书"学为人师,行为世范"校训的启功先生做如下解释:学,是指每位师生应具有的学问、知识以及技能,仅仅具有还不够,要达到一定的程度,是要能够成为后学的师表。而师表的标准,绝不是"职称"、"级别"所能衡量和代表的。行,是指每位师生应有的品行,这包括思想、行为、待人、对己,方方面面,时时刻刻,都光明正大,能够成为世界上、社会中的模范。这种模范,不是等待旁人选举出来,而是自己随时扪心自问,有没有可惭愧的思想行为。具体来说,为人师表的责任担当，对教师提出如下要求：

（1）要陶冶高尚的道德情操。习近平同志在谈到好教师的标准时指出，教师的人格力量和人格魅力是成功教育的重要条件。广大教师必须率先垂范、以身作则，引导和帮助学生把握好人生方向，特别是引导和帮助青少年学生扣好人生的第一粒扣子。合格的教师首先应该是道德上的合格者，好教师首先应该是以德施教、以德立身的楷模。教师是学生道德修养的镜子。师德是深厚的知识修养和文化品位的体现。师德需要教育培养，更需要教师自我修养。好教师要有"捧着一颗心来，不带半根草去"的奉献精神，自觉坚守精神家园、坚守人格底线，带头弘扬社会主义道德和中华传统美德，以自己的模范行为影响和带动学生。好教师的道德情操最终要体现到对所从事职业的忠诚和热爱上来，应该执著于教书育人。因此，无论是教坛老将还是职场新人，既然选择了教师职业，就应当认同教师的职业使命，自觉加强师德修炼，不断坚定自己的理想信念，陶冶高尚的道德情操，知荣明耻，严于律己，以身作则。

（2）要注意教师的仪表礼仪。教师的仪表是教师素质的外在体现，是教师形象的重要内容，必须得到应有的重视。男教师不留长发，不佩戴项链、戒指；女教师发型发色自然而不夸张，不浓妆艳抹，避免过多饰物，上班时间不穿薄、透、露、短的服装。作为教师，在学生面前、在与学生家长的交往过程中，一定要有"教师的样子"，注意做到衣着得体、语言规范、举止文明。

（3）要构建和谐的工作关系。学生是由教师集体共同塑造的，需要全体教师的共同协作。团结协作的教师集体、和谐的工作关系，是教师良好职业环境的体现，是教师职业幸福的重要源泉，是教师职业发展的重要条件，同时也可以发挥榜样的作用，向学生展示、传授处理社会关系的价值与智慧。因此，教师应当心怀感恩，关心集体，团结协作，尊重同事，尊重家长，处理好与学校、工作部门、教研室等各层级集体的关系，要处理好与学生家长的关系。

（4）作风正派，廉洁奉公。校园内外、8小时内外，作为教师、作为公民、作为家庭成员，教师都应知行合一、言行一致，遵守各自的角色规范，承担起"师表"之责。教师要遵守社会公道和家庭美德，要诚实守信，遵纪守法，淡泊名利，廉洁从教，不利用职务之便谋取私利，不收受学生和家长财物，不接受学生家长宴请，不向学生家长请托与工作无关之事。

7.6　终身学习

7.6.1　终身学习的含义

终身学习就是崇尚科学精神，树立终身学习理念，拓宽知识视野，更新知识结构；潜心钻研业务，勇于探索创新，不断提高专业素养和教育教学水平。

7.6.2 教师终身学习的意义

（1）终身学习是教师个人专业发展的内在要求。教师专业发展是指教师在专业思想、专业知识、专业能力等方面不断发展和完善的过程，是从"青椒"新人到行家里手的成长过程。教师的专业发展可以有不同的层级和坐标，每一层级都有着不同的条件和要求，都有一个由青涩到成熟的渐进过程，如图7-1所示。而能否站在峰顶，登上峰顶耗费几何人生，无不与教师的学习相关。

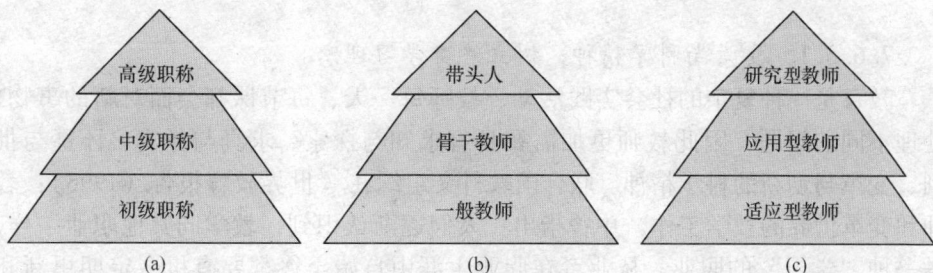

图7-1　教师的层级发展

（2）终身学习是教师成长和发展的必由之路。好教师应当有理想信念、有道德情操、有扎实学识、有仁爱之心，而这些条件非自天成。师范类院校的毕业生，掌握教育理论，但是庖丁解牛般的高超技能只能源自实践。非师范类毕业生，只凭着自身当初做学生的体验就走上讲台，其苦自知。"业内人士"需要终身学习。陶行知先生在《教师自己主动进修》中指出："有些人一做了教师，便专门教人而忘记自己也是一个永久不会毕业的学生。因此很容易停止长进，甚至于未老先衰。只有好学，才是终身进步之保险，也就是常青不老之保证。"

（3）终身学习是适应信息时代的需要。过去人们常说："教师要给学生一碗水，自己必须要有一桶水。"而信息时代的今天，知识更新的周期加快，人们获得信息的渠道四通八达，学生们的头脑已并非"一张白纸"，"一桶水"的教师已难以立足讲台了。因此，可以说"教师要给学生一碗水，自己就必须是一条永不停歇的小溪"，持续的、永不停息的学习，就是溪水奔流的动力源头。

（4）终身学习是教师承担社会责任的体现。

1）终身学习是创新发展对社会成员的要求。当今世界，创新已成为推动社会经济发展的不竭动力。包括教师在内的所有社会成员，都应当秉持终身学习理念，促进国民素质的提高，进而推动社会政治、经济、教育等领域的进步。

2）终身学习是履行人才培养责任的需要。树立终身学习理念，"不断提高思想政治觉悟和教育教学业务水平"，也是《教师法》对教师提出的法定义务。教师的教学并不是简单的重复性劳动，处在变革的职业环境中，教师需要学习和掌握项目教学法、案例教学法、翻转课堂、互助学习等新的教学理念和方法，双师型、一体化等要求教师不断地扩展自身的知识技能领域，这些都需要教师持续不断地学习来完成。

3）终身学习是教师作为学生的榜样的要求。中职学生毕业后将直接走上社会，需要在校期间学会学习，养成习惯，成为终身学习者。只有终身学习的教师，才能教会学生终身学习。教师应当以自身的态度和行为来影响学生，成为终身学习的引领者和示范者。

7.6.3 教师终身学习的要求

7.6.3.1 要崇尚科学精神，树立终身学习理念

教育是一种复杂的社会实践活动，教师每一天、每节课都会面对新的事物，处理不同的问题，因此教师更加需要具有求知与探索、求真与务实、怀疑与批判、变革与创新的科学精神。联合国教科文组织在《世界教育报告（1998）：教师和变革世界的教学工作》中曾指出：人们逐渐认识到，教学同其他职业一样，是一种"学习"的职业，从业者在职业生涯中自始至终都要有机会定期更新和补充他们的知识、技巧和能力。树立终身学习理念，坚持终身学习，是教师自我发展、履行社会责任的需要，是教师专业发展的不竭动力。

终身学习，是说人的一生都要学习，要活到老、学到老。教师的终身学习，就是指教师为适应社会发展要求和实现自我发展的需要而进行的贯穿于一生的、持续的学习过程。教师要树立专业成长意识，养成自主学习、终身学习的习惯，成为终身学习的自觉实践者和受益者。

7.6.3.2 要更新知识结构

教师不能满足于原有的专业知识，也不能停留于学校讲授的课本知识。要适应人才培养需要，教师就必须拓宽知识视野，不断更新自己的知识结构。苏霍姆林斯基在《谈谈教师的教育素养》中论述到："学校教学大纲的知识对于教师来说，应当只是他的知识视野中的起码常识。只有当教师的知识视野比学校的教学大纲宽广得无可比拟的时候，教师才能真正成为教育过程的能手、艺术家和诗人。"教师终身学习，主要应包括以下方面的内容：

（1）学会学习。也就是要掌握科学的学习方法，这既是为了自己，也是为了传授给学生。

（2）要更新自己的专业知识与技能。这里所说的专业知识与技能一方面是教师所学习的学科专业知识与技能，也称为本体专业；另一方面教师所任教学科的专业知识与技能。专业对口，会减轻教师的许多负担。然而在中职院校，专业不对口是普遍现象，教师在备课中需要加倍付出。教师对所学、所教的专业学科知识，应当掌握基础、了解前沿，永不落伍。

（3）要学习关联的学科知识。这一是说学生的求知欲、学生提问的问题，并不以教师的专业为限；二是关联的、跨界的知识能丰富教师的课堂，提升教师的威信。教师的知识不仅有"专"的深度，还需要有"博"的广度。

（4）要学习教育理论。教育理论包括教育学、心理学、专业学科的教材教法以及教学基本技能等，这些也被称为教师的职业知识与技能。

（5）要学习现代教育信息技术。PPT、微课、慕课等在现代信息技术支撑下的教学方式方法，在教学过程中发挥着越来越重要的作用。在职教师、尤其是中老年教师应当奋起直追，不甘落后。

7.6.3.3 终身学习，贵在行动

终身学习包括职前学习（学生）、职中学习（在职）和职后学习（退休）。终身学习并非是要上老年大学，而是应该从现在做起。在职教师的终身学习，主要有以下途径和方法：

（1）参加校本培训。组织培训，提高教师的思想道德、专业知识、提升教育教学能力，是学校的责任，也是学校为教师提供的发展福利。对于教师而言，参加学校组织的业务培训，既是一种权利，也是一种义务。

（2）参加校外培训。包括学校有计划组织的校外培训，也包括自己选择的成人高校、高自考、职业技能培训等。

（3）自学。教师作为专业技术人员，其最为明显的特征就是学习能力。由于各方面条件的限制，自学成为大多数教师提升自身学识的途径。同时，借助多媒体技术，自学也较之以往更加方便快捷。

（4）开展课题研究。在行动中研究，在研究中行动，在行动中发现问题、提炼课题、研究对策的行动研究法，对于教师的业务提升来说是一种最经济、有效的途径。

（5）教学相长。术业有专攻，学生群体也是教师学习的对象，在互动式教学中向学生学习，既是一种提升途径，也是终身学习态度的一种感染传递方式。

【观点争鸣】

中职院校师德建设的标准考量

《中等职业学校教师职业道德规范（试行）》制定颁布于 2000 年，其内容在很多方面有待完善。

首先，在"正确方向"的学习上，"学习、宣传马列主义、毛泽东思想和邓小平理论"已经不能满足于时代的要求。

其次，在规范的内容结构上，没有清晰地体现理想层面、规则层面、行为层面的渐进性要求，从指导的有效性上看有待改进。

其三，该试行文件将近 20 年一直未进行修订，对职业教育的新形势、师

德实践的新需求、师德建设面临的新挑战、师德研究的新成果等缺乏应有的关注与吸收。

其四，现如今的中等职业院校基本上是初中后教育，教师的劳动对象与普通中学的学生一样，都是成长中的、可塑性极大的未成年人，教师对学生的影响是一样的，没有必要、也很难再对中学和中职的教师在职业道德方面进行差别要求。如果职业教育和普通教育的师德建设存在差异的话，那是否需要考虑高职院校和其他普通高校的师德建设差异？

其五，教育部在 2014 年 1 月 11 日印发的《关于印发〈中小学教师违反职业道德行为处理办法〉的通知》（教师〔2014〕1 号）中已然明确，"本办法所称中小学教师是指幼儿园、特殊教育机构、普通中小学、中等职业学校、少年宫以及地方教研室、电化教育等机构的教师"。该文件明确"在教育教学活动中遇突发事件时，不履行保护学生人身安全职责的"根据情节是要给予处分的，但《中等职业学校教师职业道德规范》中并没有关于"保护学生"的明文规定。从逻辑上分析，没有对职业道德规范的统一要求，怎么会有对违反职业道德行为的统一处分？《中小学教师违反职业道德行为处理办法》在事实上统一了中小学和中职院校教师的职业道德规范。

从新规优于旧规的原则看，中等职业院校的师德建设应以《中小学教师职业道德规范》为依据，更具有指导性。

《中小学教师职业道德规范》只是教师职业道德的基本规范。《关于重新修订和印发〈中小学教师职业道德规范〉的通知》（教师〔2008〕2 号）中就指出，要全面准确地理解《中小学教师职业道德规范》的基本内容，"《规范》对教师的职业道德起指导作用，是调节教师与学生、教师与学校、教师与国家、教师与社会相互关系的基本行为准则。《规范》不是对教师的全部道德行为和教育教学工作的要求，不能取代学校的其他各项规章制度。"

7.7 典型案例分析

【案例 7-1】

匠心独运，但求无愧于天地

题记：他，父母就是这个学校的老职工，因此他肩负着父母的希望；他，是一个严格得近于苛刻的人，因此很多人不能理解他；他，是一个正人先正己的人，因此他独得殊荣。

　　高翔，天津市劳动保护学校机电工程系高级实习指导教师，钳工技师，从教23年。自任教以来，多次带领学生参加天津市及全国技能大赛，并取得优异成绩。值此建校60周年之际，我有幸采访高翔老师，高老师对学生的关爱之情和对工作的热爱与执著令我折服。

　　对于作为实训教师，同时又身兼班主任职务的高翔老师来说，用"治学严谨，恩威并施"来形容他，是最合适不过的了。作为一名实习指导教师首先要具备的素质就是娴熟的技能，而对技能的崇拜是练就娴熟技能的内在的必要条件。自1978年开始，高翔老师进厂成为一名钳工。17岁的他就对拥有高超技术的工人心生羡慕之情，立志自己也要成为一名技艺高超的钳工。正是这份初心，他踏踏实实地在车间里苦练钳工技能，考取了钳工技师资格证书。他努力地丰富自己的理论知识，利用业余时间，完成了专科接本科的学历教育。高老师几十年如一日，从工厂到学校，从工人到教师，从自己操作生产到向学生传授操作技能，他将钳工从职业做成了自己毕生的事业，并取得了相当优异的成绩。2010~2012年，高老师带领学生参加天津市钳工比赛，连续三年取得市一等奖的好成绩；2011年，在全国钳工比赛中荣获一等奖；2012年，在全国钳工比赛中荣获三等奖。

　　清晨6点，当第一缕懒懒的阳光洒向大地，高老师已经行走在上班的路上。这位雄风不减当年的老教师，总是在7点之前就赶到办公室，打开实习大厅的门，开始自己一天忙碌而充实的工作。日复一日，年复一年。而在准备大赛期间，高老师更是起早贪黑，全力以赴。采访过程中，正巧一位由高老师指导过的"天津市钳工大赛"一等奖得主吴奇同学来到办公室。提起高老师，吴奇眼里流露出的满是尊敬之情，他说："高老师是指导我参加大赛的老师，是我的班主任，更是像父亲一样值得我尊重的人。大赛期间，高老师每天6点就来到学校，为我们列好任务清单，并将工具准备好，保证我们每天来到实习场，不必耽误一秒钟，就可以进入状态，开始练习。高老师对工件各部分的精度要求更是到了苛刻的程度，各部分精度差不大于0.02毫米，也就是说，工件之间的'缝隙'连头发丝的一半都不能超过。要是我们当天练习的结果不理想，就得加班，直到把活儿干好为止。可严格了！不过，班主任也一定会陪我们加班到最后。"说到这里，吴奇面向高老师，眼中充满感激。接着，吴奇又骄傲地看着我，说："老师，您吃过我们班主任做的饭吗？可好吃了！我们准备大赛的时候，班主任给我们做了好几次炖牛肉，都是带筋的，可好吃了，我现在想起来，还馋得流口水呢！"说完看着高老师，高老师不好意思地笑了一下，说："臭小子，你们也辛苦啦。好好努力，以后还给你炖肉吃。""哎，好嘞，哈哈哈……"爽朗的笑声回荡在整间办公室中，旁观的我，心中也涌动着一股暖流。我想，这该是怎样的一份感情，能让54岁的高老师如此用心地为学生付出，为学校奉献。这一切的答案，应该就是高老师对这份职业的热爱吧！

吴奇同学走后，高老师挠着头，谦虚地说："学生跟着我学习挺辛苦的，我对他们要求挺严格的，就是想让他们多学习点知识。"一句朴实的话，说出了一名职教人的爱与责任。对学生来说，高老师是师傅，更是父亲。他用自己的爱心助力学生成长，更用自己的严谨督促学生成才。面对天性爱玩的孩子们，高老师自有一套让他们爱上学习的方法。"讲道理"是高翔老师一直强调的一句话。高老师认为无论年龄大小，对待学生，双方在人格上是完全平等的，遇到任何问题，必须讲道理，以理服人。再爱玩的孩子，在学习知识时，也必须拿出十分的热忱投入其中，保证学习质量，将过硬的技术学到手。高老师凭着这股人格魅力和学识魅力教育并感染学生，做学生健康成长的指导者和引路人，赢得了学生的尊敬。逢年过节，学生们的问候短信和祝福电话，让高老师感受到了教书育人的幸福和快乐。凭借自身过硬的工作技术、丰富的教学经验和出众的育人能力，高老师在2012年获得了天津市"师德标兵"荣誉称号，这不仅是对高翔老师教学水平的褒奖，更是对高翔老师师德品质的高度肯定。

在采访进行到一半时，上课铃声响起了。高老师不好意思地笑了笑，说："李老师，这节课正好是我的课，教刮研，你有兴趣跟我一起去上课吗？"我愉快地答应了。走进实习大厅，学生们穿着整洁的实习服，拿好工具，站在自己的工位前，一切准备就绪。高老师走到自己的工作台前，向学生们传授刮研的工艺要求及动作要领，每个步骤都讲得十分详细，连我这个门外汉都听得津津有味。讲解完注意事项后，高老师又动起手来，亲身示范。一位54岁的老教师，在进行刮研这项需要力量、更需要技巧的工作时，是那样的严谨与细心，力求把每个细节都做到最好。完成了给学生的示范动作后，高老师又单独向我展示了刮研的几种工艺：斜花纹、燕形花纹、鱼鳞花纹，自豪之情溢于言表。看着高老师刮研的高超技艺，我知道这与高老师认真严谨的工作态度是分不开的，这也正是高老师的弟子能够多次在天津市钳工大赛，乃至全国钳工大赛中获奖的原因吧！

高老师对工作的热情让人尊敬，而对生活的热爱更让人钦佩。兴趣是最好的老师，热情是最强的动力。凭借着对钳工工作的热情，高老师在工作中做出了突出的成绩。一个对工作充满热情的人，必定是热爱生活的，也必定是热爱运动的。坚持打一个小时以上的乒乓球，已经成了高老师每天的必修课。除此之外，羽毛球和游泳也都是高翔老师热爱的运动。那种在运动中积极进取，永不服输的精神不仅让高老师锻炼了强健的体质，更使他在工作中精益求精，追求完美。对工作和生活充满热情，找准二者的平衡点，高老师取得了双赢。

在访问接近尾声时，高老师明确表示等到我校100年校庆时，他希望自己能来参加，这不仅是他个人的骄傲，更是高老师父母的自豪。

能工巧匠，与造化争妙。一个国家经济落后就要挨打，一名工人技能落后同样没人瞧得起。信念，坚韧，对理想的追求，铺就了一名技校老教师的成功之路。

（节选自《天津市劳动保护学校教师风采录》）

案例分析：这篇采访文章，给我们描绘出一名中职院校实习指导教师的工作画像，站在机床旁边指导学生训练的动人场景。高翔老师的事迹感人至深，确实是我们身边的榜样。

（1）爱岗敬业。《中华人民共和国教师法》规定："教师是履行教育教学职责的专业人员，承担教书育人，培养社会主义事业建设者和接班人，提高民族素质的使命。"为了成为合格的专业教师，高老师在走上讲台以后，利用业余时间完成了"专接本"的学历学习，取得了国家承认的本科学历，达到了中职教师的学历条件。他参加技能培训、考试，顺利通过国家职业技能鉴定考试，取得钳工技师的技能等级证书，成为名副其实的"双师型"教师。他站在讲台，能够把复杂的图纸给学生讲得明白白；他站在机床旁边，能够把加工工艺和操作要领给学生演示得清清楚楚；他操纵机床，能够把工件加工到分毫不差，让人服服帖帖；他站在你的身旁，三分钟不离本行，讲起机械制图、讲起钳工工艺，让人感觉到他对职业的那种如醉如痴。他一心沉溺于钳工的生产和实训教学，到如今已将近四十年。为了加工好每一件产品、为了讲好每一堂课，他付出了最大的努力。没有对职业的忠诚，没有对职业理想的追求，何以有如此的付出？

很多人认为"忠诚于人民的教育事业"的道德要求太高、"爱岗敬业"的品德太抽象，现实中很难找到参照。那么，读完高老师的事迹，你还会觉得"忠诚"、"爱岗敬业"是"摸不着边"的吗？教师的师德规范是抽象的，但体现教师师德品质的德行是具体的，就体现在日常的工作和生活之中，不是吗？

（2）精益求精的工匠精神。在实现由"制造大国"向"制造强国"的征程中，我们的国家和社会倡导工匠精神，一批批技能大师和先进人物得到了社会的高度认可。我们的教育行业、我们的教师职业又何尝不需要工匠精神？首先，教师职业是对人的改造、对人的培养，特别是中职学校教师经常面对的是没有良好学习习惯的学生，更需要"慢工出细活"的耐心和精雕细琢，没有踏踏实实的付出，总伸头探望"外边世界"的精彩，三尺讲台何以立足？再者，中职教育是职业教育，其与普通教育的本质区别就在于对学生技能的培养。没有良好的品德，不是合格的学生；没有熟练的技能，不是合格的中职学生。而要培养学生的实践技能，就需要教师自身的本领。高翔老师指导学生训练，"对工件各部分的精度要求更是到了苛刻的程度，各部分精度差不大于 0.02 毫米，也就是说，工件之间的'缝隙'连头发丝的一半都不能超过。"他首先需要的就是在学生面前加工出合格的样品，演示给学生看，让学生相信和接受自己这位老师。

高翔老师长期在车间从事钳工生产，积累了丰富的实践经验。他在实习车间长期从事实训教学，积累了丰富的实习教学经验。在校园里，他总是喜欢穿着蓝领工装，使自己置身于实训教学的特有环境之中。所以当他向采访教师谈起"斜花纹、燕形花纹、鱼鳞花纹"等刮研工艺时就如数家珍，自豪之情溢于言表。他已经成为学校、本行业不可多得的行家里手。

（3）对学校的一往情深。本校的前身曾经是机床厂，高老师的父母就在这里工作。做为职工子弟，时年 17 岁的高翔老师在 1978 年开始自己的职业生涯，就是进厂当工人，从事钳工工作。从当初的一名青工，成长为如今的一名人民教师、高级实习指导教师，高老师对学校可谓一往情深，他把对学校的感恩之情深深地植于自己的本职工作中。

在所有教师中，从住家到学校的距离，高老师可以说是最远的，可是每天到校他却从不落后。"清晨 6 点，当第一缕懒懒的阳光洒向大地，高老师已经行走在上班的路上。这位雄风不减当年的老教师，总是在 7 点之前就赶到办公室，打开实习大厅的门，开始自己一天忙碌而充实的工作。"在指导学生集训的时候，他到校的时间更早，经常是在每天 6 点就来到学校，为学生的实习训练做好充分的准备。

2016 年是学校建校 60 周年，已经 54 岁的高老师还充满着年轻人的激情。"高老师明确表示等到我校 100 年校庆时，他希望自己能来参加，这不仅是他个人的骄傲，更是高老师父母的自豪。"我们要求老师们要"爱学校"，要"维护学校的荣誉和利益"，要"爱校如家"。学习了高老师的事迹，有了这样的"镜子"摆在你的面前，你还会总是埋怨学校对你不公吗？你还会总是"偷偷摸摸"地晚来早走吗？

（4）对教师职责的理解。教书育人是教师的职责和使命，这也是法定的义务。"教书"就是以传授知识为载体，不断发展和提高学生能力的教学过程，包括学生的综合能力和专门的职业技能培养。"育人"则是指塑造学生的健康人格，加速其社会化进程的教育过程。从职业教育的角度来说，教书育人就是培养德技双馨，造就"懂生活、会干活、能干好活儿"的学生。高老师给学生传授专业知识与技能，同时更注重对学生的品德教育。我们从采访中的每一个细节感受到高老师技能传授中的德育熏陶：每天的作息时间必须要严格遵守，工作服要穿得整整齐齐，加工的零件要不差分毫，操作台周边的卫生要打扫得干干净净。规矩意识、质量意识、环境意识，这些品质，就在这日复一日的活动中逐渐养成，这更是教师的职责所在吧！

（5）强烈的事业心和责任感。教师的事业心，就是指教师把教书育人作为一种职业理想，并把自己的全部时间、精力和智慧都奉献于理想的追求中。有了这种事业心，教师就不再把其职业仅仅当成谋生的手段，还能认识到自己从事的职业关系到国家、社会、学生、学生家庭的前途命运。教师有了事业心，就有了为了教育事业的奉献精神，就有了严于律己、为人师表的自觉性，就有了早来晚走、不计付出、不计报酬、勤勤恳恳、踏踏实实、认认真真地备课、上课、教导学生的责任感。教师的责任感，就是指教师对教育事业、对学校的发展、对学生前途负责的态度。

教师的爱，是人间大爱，是一种无私的付出，是一种责任的体现。"学生跟着我学习挺辛苦的，我对他们要求挺严格的，就是想让他们多学习点知识。"高老师为了学生全身心投入大赛备战，自己掏钱给学生炖牛肉吃，给学生增加了物质营养，更是给学生输入了无穷无尽的精神力量！

实践建议：（1）不要忘记自己为什么出发。中职院校的同行们，走上职业教育这条路，有各种各样的原因和理由。如果立志在当初，那当然是好事。一个从事着自己从小就希望、憧憬、喜欢的职业的人，该是多么的幸福！我们不必都宣称自己"从小就想当老师"。校园里的"老人儿"就业于上世纪的计划经济时代，服从国家分配是纪律的要求。改革开放的年代，想进入学校从教，首先需要自己做出职业选择，是自己愿意的事情。然而选择的动机是多元的，需要就是最好的理由。既然进入了这个行业，还继续从事着教师的职业，就应当把现在当成出发的始点，确立教书育人的职业理想，努力前行。

（2）相信榜样的力量。在教育行业中干了三年、五年，甚至十年、二十年，应当肯定自己的付出和成绩。否则，师德考核不合格就已被"一票否决"、年度考核不合格就已被"调整岗位"。总结自己的教学生涯，肯定会有不少可圈可点的地方，甚至是被推广的、有效的做法。但是，圣人尚且讲究"吾日三省吾身"，何况吾辈？

高翔老师的事迹，值得职教同仁学习效仿。然而，高老师绝非不食人间烟火。如若近观，必有斑点瑕疵。我们应接受圣人们的建议，"择其善者而从之"平时关注自己身边的人有没有放光发亮的地方，树立起身边的榜样。加强自身的职业道德修养，就不能以己长度人短，这才是师德修炼的基本心态。

（3）树立职业院校的育人理念。"立德树人"是教育的根本使命，当然也包括职业教育。没有技能训练，就没有职业教育。没有"立德树人"，就不是学校教育。办党和人民满意的教育，就必须重视立德树人使命的践行。

在当前的教育环境中，中等职业院校的生源主要是初中毕业生，中职院校处于中考升学志愿最末端的选择。中职院校的教学过程和教育活动需要教师们付出更多的爱心和耐心，使命对于职业院校教师们的师德期待更高。高老师的一句"臭小子，你们也辛苦啦。好好努力，以后还给你炖肉吃"，传递的是一种父辈的温暖与关爱，留在学生心底的将永远是"哎，好嘞，哈哈哈……"的爽朗笑声，这份关爱与笑声将伴随着他们快乐地成长！

问题与测试

一、单项选择题

（1）十八大报告指出，教育的使命是（　　）。

    A. 培养高考状元　　　　　　　　B. 培养技能高手

    C. 实施素质教育　　　　　　　　D. 立德树人

（2）"热爱祖国，热爱人民，拥护中国共产党领导，拥护社会主义"属于（　　）的师德规范。

    A. 爱岗敬业　　　B. 诚实守信　　　C. 爱国守法　　　D. 服务群众

（3）对孔子倡导的"有教无类"理念，理解错误的是（　　）。

    A. 不论贵贱、贫富、长幼、智愚，均应享有受教育的权利

    B. "有教无类"要求"一视同仁"，平等对待学生

    C. 体现了教育公平的理念

    D. 听话的就多教他点儿东西，惹不起的就别管他了

（4）"你连这个问题都答不上来，还活什么劲儿啊"，这种做法违反了（　　）师德规范。

    A. 爱岗敬业　　　B. 关爱学生　　　C. 为人师表　　　D. 办事公道

（5）由于前一天晚上出去应酬没来得及备课，某老师在转天上课的时候，只讲了十几分钟就没词了，便说："上自习吧。"该老师违反了（　　）的师德规范。

    A. 良师益友　　　B. 爱岗敬业　　　C. 教书育人　　　D. 诲人不倦

（6）下列教师做法错误的一项是（　　）。

    A. 教师要遵循教育教学规律和学生成长规律，不断提高教书育人能力

    B. 教师要承担起引领学生道德成长的责任，履行教书育人的职责

    C. 教师要创新教育教学模式，形成有利于创新人才成长的良好教育环境

    D. 教师可根据学生的家庭情况、亲戚朋友的请托，在上课时多关注这些学生

二、判断题

（1）"为人师表"是教师职业的内在要求。（　　）

(2) 某教师经常找学生替其批改学生作业的做法，违反了依法执教的规范。（　　）

(3) 某老师踩着点儿上班，还说"学校的铃儿不准，我晚了吗!"。这是小事，无伤大雅。（　　）

(4) "关爱学生"是师德的灵魂。（　　）

(5) 师德规范属于道德范畴，靠自律。即使违犯，也不会有"痛"的影响。（　　）

(6) 某老师经常在背后说，"小张跟我比差远了。"这种行为违反了爱岗敬业的师德规范要求。（　　）

三、案例分析题

案例 1：某中职学校 2013 年计划招聘 15 名高校应届毕业生，补充师资队伍。在包括师范院校、非师范院校的众多报考者中，最后有 45 名考生进入笔试环节。笔试中有一道写作题，题目是"我的职业选择"。所有 45 名考生在答卷中都无一例外地表达了一个相同的观点：我从小就喜欢当老师。然而，时至今日，当初录取的 15 名新教师的发展，却大不相同。有 3 名教师或考取公务员、或调往其他事业单位，早早地离开了学校。留下来的 12 名教师，有的成为专业教研室主任，有的成为骨干教师，有的被评为优秀教师，还有的整天愁眉苦脸地"过着日子"。

案例 2：案例 7-1 中的高翔老师，当初是进入工厂当工人。后来由于单位的变迁，从工厂到办学，他也从一名工人成为一名教师。这种职业和身份的转变，对于其个人来说简直就是"随波逐流"的结果。他 17 岁开始职业生涯的时候，何尝想过当教师？然而，现在的他，不仅从事着教师职业，而且做教师做得"风生水起"、有声有色，培养出大批的技能大赛优秀选手，自己也成为优秀教师、天津市师德标兵。这是为什么呢？

案例 3：张老师 1966 年出生，20 世纪 80 年代中期参加高考。为了能跳出农门吃"商品粮"，为了减轻家庭经济负担等，他拗不过家长的"旨意"，把其全部志愿都填报成助学金最高的高等师范专科学校。他在委屈无奈中熬过了师专三年的生活，在毕业后被分配到远郊的一所初中。任教后，他还曾要求父亲找关系调离教育系统。由于因故调动搁浅，他只得硬着头皮继续当老师。但是没多久，他就在教书育人的岗位上一发不可收拾，殊荣不断，多次被评为校级优秀教师，35 岁那年就被评为市级学科带头人、教学名师。

案例 4：刘春利，天津市劳动保障技师学院的一名教师，是学生心中的"刘妈妈"。她细致入微的关怀与教育，曾温暖了无数学子，她曾说学生是她生命中最重要的人，成为学生的引路人是她一直以来的最美的愿望。"当老师，就是个良心活儿。"这是她常说的一句话。所谓育人先育心，爱人先讲情。多少年来，一个心字，曾教会无数孩子如何做人，一个情字，也留下了一届又一届孩子们的心。给人印象最深的，是已经毕业很久的学生们会时常来看望她，亲热地叫她刘妈妈。2003 年"非典"期间，学校实行封闭管理。为了让家长们放心、让学生安心，作为班主任的刘老师起早贪黑地陪着学生们，常常让自己的孩子成为保育院的"留学生"。回忆起来，她说："那时保育院的老师经常说'我们这儿就剩你家一个孩子了，不行您别送了，孩子一个人在这里也想妈妈呀！'"。这时的刘老师只能摇摇头含泪告诉老师："不行，还有 42 个孩子在等我，我也是他们的妈妈呀！"当"非典"危险解除时，刘老师和学生们拥抱在一起，学生们喊着"刘妈妈，有您在的地方就是我们的家，谢谢您的陪伴，因为您我们永远也忘不了中专生活。"刘老师多次获得校级、局级优秀教师、优秀班主任、优秀党员称号，2016 年刘老师被评为"天津市最美女教师"。这些荣誉是对刘老师的爱的回报。而在刘老师看来，学生的认可和成长才是她的职业成功和快乐！

阅读上述材料，联系实际，回答下列问题：

（1）回想当初，自己是如何步入教坛的？

（2）选择了教师职业，就一定能当好老师吗？为什么？

（3）一个从没有想过当教师的人，也能成为优秀教师，为什么？谈谈自己的想法。

（4）你认为对教师而言，"对学生的爱"是先天还是后天的？

（5）教师的职业成功，应当拿什么去衡量？阅读案例中的故事，想想教师的职业成功，源自何处？

8 中职教师的纪律规范

方圆因有规矩而得，
规范因有纪律而成，
言传身教，以已示范，
遵纪守规，自树树人！

纪律是秩序的保证，教师不仅要遵守纪律，而且更要成为遵守纪律的表率，这是优秀教师职业发展的必要条件之一。

8.1 认识教师职业纪律

8.1.1 职业纪律的含义

职业纪律，是从事某种职业的人需要共同遵守的从业准则，是从业者必须遵守的规章制度、岗位职责、工作标准和规范等管理要求的总和。各行各业、各种企事业单位，都有由各种规章制度所体现的纪律，要求从业人员必须遵守。从法律的层面来说，只要不违反国家法律法规，行业、企事业单位自己制定的各种纪律规范，就具有法律的效力。

违反职业纪律，必然会产生一定的后果。其一，违反职业纪律的行为，破坏了组织的管理秩序，影响组织的权威；其二，违反职业纪律的行为，影响职业活动的效果，组织以及本人的职责、任务难以实现；其三，违反职业纪律者本人可能会受到纪律处分的不利后果。

8.1.2 职业纪律与职业道德的关系

【案例 8-1】

小张老师怎么办

小张老师正在处理学生的打架问题。此时，时钟已经指到了下午16：30。

下班的铃声响了，同事们收拾着办公桌，纷纷走出办公室，下班了！小张老师，怎么办？

做法1："行了，今天就到这吧！你们明天早晨再来找我"，小张老师就这样把学生"轰"走了。收拾收拾自己的东西，他下班了。

做法2：小张老师并未理会下班的铃声，而是继续眼前问题的处理。等到这两名学生认识到错误，握手言和，时钟已经指到了18：00。学生走了，小张老师疲惫地站了起来，回家！

按时上下班是工作纪律的要求，第一种做法谈不上违反工作纪律。但是，往往留下问题隐患。学生之间的矛盾没有完全解决，他们回到宿舍再次燃起"战火"的后果就会更严重。

第二种做法应该说是大多数老师的选择。晚点儿下班倒无所谓，千万不能让学生之间的矛盾再继续扩大。

本案例中存在着职业纪律和职业道德的关系问题。职业纪律是一种强制性的义务，是保证劳动者按时按量按要求完成本职工作的最低要求。否则，就会受到纪律的处罚。小张老师如果在16：00就自己"下班"回家了，那就是早退，是违反劳动纪律的行为。职业道德是一种自律的信条，是保证一个组织、一个劳动者最佳工作效率和工作效益的理想需求。小张老师留下来继续解决学生的问题，这就不再是纪律的制约问题，而是一种职业责任感的驱使，是良好职业道德的反映。

职业纪律与职业道德是密切联系、相互补充、相互促进的，是对教师职业活动的共同要求。一个自觉用职业道德规范约束自己的人，必然是恪守职业纪律之人。"关爱学生"是职业道德规范，要求教师自觉"保护学生安全，关心学生健康，维护学生权益"。做得好的，受到表彰，成为楷模。做得不好者，"在教育教学活动中遇突发事件时，不履行保护学生人身安全职责的"、"体罚学生和以侮辱、歧视等方式变相体罚学生，造成学生身心伤害的"将会视情节轻重受到相应的处分。在这种情势下，"保护学生安全，关心学生健康，维护学生权益"这些规范就成为教师的职业纪律。

职业道德是用榜样的力量来倡导某种行为，而职业纪律是以强制手段去禁止和惩处某种行为。众多的师德建设文件都提出要加强师德建设，要改进师德考核评价机制，其考核结果的应用体现在一句话"师德一票否决"以及相应的师德违纪处分制度上，要求教师必须执行这些纪律，以确保社会倡导的师德规范落到实处。

纪律的执行和检查往往有专门机构来保证，而职业道德是靠社会舆论和内心信念的手段来实现的，其目的在于提高人们的思想境界和情操。

8.1.3 遵守职业纪律的要求

遵章守纪是任何一个单位组织对其成员的基本要求，也是每一名职业人员应当具备的基本素质。遵守职业纪律，要求职业者应当做到以下方面：

（1）学习职业纪律，避免无知犯错。对违反纪律行为的责任追究，不以是否知道为条件。一旦违反了纪律，"不知者不怪"只能是一厢情愿的事情了。无论是在企业还是在行政事业单位，新入职人员都必须重视入职培训或者岗前培训。入职培训首要的事情就是了解这个单位的基本情况，其中就包括它的规章制度等纪律规范。因此，要学习规章制度，熟知职业纪律，知道"高压线"在哪里。

（2）遵守职业纪律，不能明知故犯。职业纪律是预先设定的规范，是"悬"在空中的高压线。虽然带电，但只要不去触碰，就会相安无事。仅仅学习、熟知纪律还不够，还必须用纪律来约束、规范自己的行为。明知在教室等学校区域禁止吸烟的规定，还点上一支烟，那后果是什么？明知故犯，"知其不可而为之"就是真正的"罪有应得"了。

（3）规范自己，形成纪律修养。职业纪律的目的就是把人们组织起来，形成统一的意志和行动，保证职业活动的正常进行。职业活动拒绝随心所欲，纪律是对行为的约束，是对自由的保证。如果你觉得处处受限制，那你肯定就不是一个遵守纪律的人。纪律规范是对职业者的共同要求，需要自觉地遵守。对于一个职业者来说，遵守纪律有一个从强制的服从到自觉地遵守的转变过程。从被动的执行纪律到主动的遵守纪律，习惯成自然，养成良好的遵章守纪的道德品质。

8.2 中职教师的职业纪律

8.2.1 中职教师职业纪律规范

教师职业纪律规范是指教师在从事教育劳动过程中应当遵守的规章、条例、守则等行为规范。它是教师义务的具体化，具有强制性，以惩戒作为执行的基本保障。其表现形式主要体现在以下方面。

8.2.1.1 岗位职责

中职院校作为事业单位，其所有工作岗位分为管理岗、专业技术岗、工勤技能岗三大类。而专业技术岗位是指从事专业技术工作，具有相应专业技术水平和能力要求的工作岗位，其中教师岗位是专业技术主体岗位。在实施岗位聘用制工作中，每一名参与教师都必须认同或者签署单位制作的岗位说明书，如《高级教师三级岗位说明书》等，这些说明书最重要的内容是对岗位职责进行规定和说明。

岗位职责是指一个岗位需要完成的工作内容以及应当承担的责任范围。这些岗位职责就是对职业活动的基本规范。履行岗位职责，忠于职守，是每一个职业者的责任和义务。

不履行岗位职责或者履行岗位职责考核不合格的将会给自己带来非常不利的后果。

【资料链接】

×××学校高级讲师三级岗位说明书

(1) 岗位职责及工作内容。

1) 承担两门或两门以上课程的教学工作,完成规定的教学任务;

2) 担任班主任;

3) 在教育教学中发挥骨干、示范作用;

4) 承担学校教科研任务（指导解决生产实习的设备、技术以及生产加工过程中的实际问题）;

5) 承担中、初级教师的教育教学指导工作;

6) 利用自己的专业技能（力）等条件,提高学校的社会影响力;

7) 完成学校领导交办的其他任务。

(2) 工作标准。

1) 热爱职教事业,关心爱护、尊重学生,无体罚、变相体罚现象;

2) 态度和蔼,仪表端庄,谈吐文雅,为人师表,忠于职守;

3) 备课充分、及时,教材处理好;

4) 严格执行教学计划,完成教学任务,教学效果显著;

5) 及时完成学校规定的各项工作;

6) 任职期间无教学事故。

8.2.1.2 工作标准和规范

每一个岗位都有自己的工作规则、标准或规范,例如财务报销规定、人事调动工作流程、学生考勤监控管理规定、教学服务管理规范、教材使用管理制度等。

这些规范,有的是以制度、规定、办法形式出现,有的是以规范、规则、流程等形式出现,对教学、管理、服务等具体的岗位工作进行规范,明确应当如何、不应当如何,以及相关的惩戒处理措施,是我们在具体岗位工作中不可忽视的纪律。就教师个体而言,在履行教学职责工作中需要特别注意以下教学文件的要求:

(1)《教学大纲》（或称课程标准）。这是规定某一门课程的课程性质、课程目标、教学内容、实施建议的教学指导性文件,是对课程结束后的学习效果所做的具体描述,是课程实施应该达到的具体标准,是管理和评价课程的基础。例如，《教育部关于印发中等职业学校德育课课程教学大纲的通知》（教职成〔2008〕7号）中指出："中等职业学校德育课课程教学大纲是国家制定的指导德育课教学的纲领性文件，是进行教学工作的基本依据，也是衡量教师教学质量的基本依据。"不执行国家规定的《教学大纲》，任课教师和所在学校在各级教学检查和评估中会得到严重的负面评价。

（2）《课程教学进度计划》（或称课程教学实施计划、学期授课计划）。《课程教学进度计划》一般以学期或者学年为单位，是在学期（或学年）开始前制订的，关于某一门课程在整个学期（学年）教学工作的任务、内容、进度等做出的计划安排。它一般由两部分组成：一是关于课程的总的说明，包括教材、学情分析，教学目的、教学总时数，预定复习、考试和考查时间等；二就是对各教学内容的进度计划表等实施性安排。《课程教学进度计划》是教师开展教学工作的主要依据，是学校对教师下达的工作任务，也是学校进行教学检查、评价的重要依据。《课程教学进度计划》属于学校基本的教学文件，必须经学校规定的程序审定批准后方可实施，而且在执行过程中非依规定程序不得进行调整，否则就会受到相应的处理。

（3）《课时教学计划》（或称课时教学设计、教案）。《课时教学计划》是教师根据教学大纲和教材要求及学生的实际情况，以课时或课题为单位，对教学内容、教学步骤、教学方法等进行具体设计和安排的一种实施性教学文件，是教师开展课时教学的依据，直接关系课的质量。教案一般要求包括教材简析和学生分析、教学目的、教学方法与手段、重难点、教学准备、教学过程、板书设计以及课后练习等设计。《课时教学计划》是教师备课的产物，也是学校进行日常教学检查、监督的主要对象。所以，各个学校一般都会制定属于本校的教案编写规范或者范式。教师在授课进程中，有时可以根据具体情况对原定的教案内容等进行适当的调整，但在进度上不可超过学校允许的限度，在内容上不可随意削减。

为了规范中职院校的办学行为，保证中职院校的教育质量，天津市教育委员会制定颁布了《天津市中等职业学校教学管理建设规范（2016-2020年）》。这是天津市辖区内中职院校的教学管理的规范性文件，既是对学校的要求，也是对教师的要求。其中关于执行课程标准的内容中规定："任课教师要认真学习课程标准，严格按照课程标准要求实施教学。教师对教学内容进行调整，需经教研组认真讨论，系部审核，上报分管教学校长批准后方可实施。"如果教师未履行规定的审批程序，擅自调整教学内容，就属于教学中的自由主义行为，是一种违反教学管理秩序的违纪行为，在很多学校将被视为教学责任事故，会受到责任追究。

8.2.1.3 学校的其他规章制度

学校是教书育人的场所，学校除了要遵守国家的法律法规、政策等规定外，还根据自己的实际情况，制定了一系列的规章制度，以保证正常的教育教学秩序。依法治校，就是要求学校建立完备的制度规范体系，依法、依规办事。依法执教，就是要求教师遵守国家法律法规，遵守学校规章制度，概括起来说，就是遵守纪律。凡是学校明文规定的各种规章制度，包括教师在内的全体师生员工都应遵照执行。

8.2.2 中职教师职业纪律的种类

《教师法》规定了教师的权利和义务，其对义务的规定也就成为教师职业纪律的根本。

【资料链接】

中华人民共和国教师法（节选）

第八条 教师应当履行下列义务：

（一）遵守宪法、法律和职业道德，为人师表；

（二）贯彻国家的教育方针，遵守规章制度，执行学校的教学计划，履行教师聘约，完成教育教学工作任务；

（三）对学生进行宪法所确定的基本原则的教育和爱国主义、民族团结的教育，法制教育以及思想品德、文化、科学技术教育，组织、带领学生开展有益的社会活动；

（四）关心、爱护全体学生，尊重学生人格，促进学生在品德、智力、体质等方面全面发展；

（五）制止有害于学生的行为或者其他侵犯学生合法权益的行为，批评和抵制有害于学生健康成长的现象；

（六）不断提高思想政治觉悟和教育教学业务水平。

教师应遵守的纪律，包括政治纪律、廉洁纪律、劳动纪律、教学纪律和品行纪律。

8.2.2.1 政治纪律

政治纪律就是指教师在政治原则、政治方向、政治立场等方面应当遵守的行为规范。根据《教师法》的规定："教师是履行教育教学职责的专业人员，承担教书育人，培养社会主义事业建设者和接班人、提高民族素质的使命。教师应当忠诚于人民的教育事业。"这充分说明，不同于农民种地、工人生产，教育是一种特殊的社会实践活动，具有强烈的政治性；教师不是一个普通的职业，而是承担着法定的职责，具有鲜明的政治使命。

"讲政治"，不仅是对党员的要求，也不仅是对政治课教师、德育课教师的要求，而是对全体教师的要求。

"本人忠诚党的教育事业，自觉遵守法律法规，遵守学校的各项规章制度和工作纪律，热爱教育事业，热爱学生，在教育教学活动中同党和国家的方针政策保持一致，无违背党和国家方针、政策的言行。"

这是在年终考核总结中最常见的一段内容。作为教师，在年度考核、聘期考核或者其他一些工作总结中，都少不了对自己的政治表现进行鉴定。

《教师法》明确提出了教师要遵守宪法、法律和职业道德，为人师表；贯彻国家的教育方针；对学生进行宪法所确定的基本原则的教育和爱国主义、民族团结的教育，法制教育以及思想品德、文化、科学技术教育，组织、带领学生开展有益的社会活动；不断提高思想政治觉悟。要真正履行好立德树人、培养社会主义事业建设者和接班人的使命，要求教师必须有严明的政治纪律和正确的政治方向。只要选择了教师这个职业，就要有对中国特色社会主义的理论认同、政治认同、情感认同，坚定道路自信、理论自信、制度自信、文化自信，自觉践行社会主义核心价值观。缺乏这种职业认同，就难以成为一名合格的人民教师。

因此，自觉维护党和人民的利益，传播主流意识形态，传承中华优秀传统文化，弘扬和践行社会主义核心价值观是人民教师必须承担的政治义务与担当。每一位教师，都应充分认识到职业角色所承担的政治责任，肩负起教书育人的历史使命。

【资料链接】

中华人民共和国教育法（节选）

第五条　教育必须为社会主义现代化建设服务、为人民服务，必须与生产劳动和社会实践相结合，培养德、智、体、美等方面全面发展的社会主义建设者和接班人。

第六条　教育应当坚持立德树人，对受教育者加强社会主义核心价值观教育，增强受教育者的社会责任感、创新精神和实践能力。

国家在受教育者中进行爱国主义、集体主义、中国特色社会主义的教育，进行理想、道德、纪律、法治、国防和民族团结的教育。

第七条　教育应当继承和弘扬中华民族优秀的历史文化传统，吸收人类文明发展的一切优秀成果。

第八条　教育活动必须符合国家和社会公共利益。

国家实行教育与宗教相分离。任何组织和个人不得利用宗教进行妨碍国家教育制度的活动。

教师的政治纪律，应当包括以下方面：

（1）严禁在教育教学活动中有违背党和国家方针政策的言行。

（2）严禁在报刊、杂志、互联网等媒体发表有损英雄人物、领袖人物等的不当言论。

（3）严禁组织或参与非法集会和非正常上访。

（4）严禁在学校传播宗教思想、举行宗教活动。

（5）严禁在校外参与非法宗教活动。

《中小学教师违反职业道德行为处理办法》明确规定，"在教育教学活动中有违背党和国家方针政策言行的"要承担相应的行政责任。

8.2.2.2 廉洁纪律

教师的教育教学活动，是在依法行使国家赋予的教育权的行为。公办学校的教师享受国家的财政供养，属于国家公职人员。即使是民营教育机构或者其他教育机构的教师，也是在接受委托，依法行使国家的教育权。教书育人、为人师表，教师在履行教育教学职责过程中，必须做到廉洁自律，不得借助教育权而谋取个人私利。

教师应当遵守的廉洁纪律，一般包括以下方面：

（1）不得亲疏有别，在教育教学活动和学生管理、评价中不公平公正对待学生。

（2）不得在招生、考试、考核评价、职务评审、教研科研中弄虚作假、营私舞弊。

（3）不得索要或者违反规定收受家长、学生财物。

（4）不得组织或者参与针对学生的经营性活动，或者强制学生订购教辅资料、报刊等谋取个人利益。

（5）不得组织、要求学生参加校内外有偿补课，或者组织、参与校外培训机构对学生的有偿补课。

【资料链接】

严禁教师违规收受学生及家长礼品礼金

教师违规收受礼品礼金、接受吃请等问题，实际上就是教师利用职务便利，向学生及家长索取好处的现象。问题虽然发生在少数教师身上，但严重损害了人民教师的整体形象，这些问题不解决，就无法真正履行教书育人的崇高职责，就无法完成立德树人这一根本任务。

学校是人才培养，特别是道德教育的重要阵地，承担着传播人类文化、开发人类智慧、塑造人类灵魂的神圣职责。教师的师德师风会对学生的思想和成长产生潜移默化的深刻影响。通过严明纪律要求，教育引导广大教师要强化自我教育和约束，自觉践行社会主义核心价值观，弘扬高尚师德，坚持廉洁从教，切实增强教书育人的责任感和使命感，自觉抵制收受礼品礼金等不正之风，以实际行动塑造教师的良好形象，引领社会道德风尚，以高尚的道德情操影响学生，引导学生，完成立德树人的根本任务。

为此，《教育部在关于印发〈严禁教师违规收受学生及家长礼品礼金等行为的规定〉的通知》（教监〔2014〕4号）中明确规定了教师不可逾越的"六条红线"：

（1）严禁以任何方式索要或接受学生及家长赠送的礼品礼金、有价证券和支付凭证等财物。

（2）严禁参加由学生及家长安排的可能影响考试、考核评价的宴请。

（3）严禁参加由学生及家长安排支付费用的旅游、健身休闲等娱乐活动。

（4）严禁让学生及家长支付或报销应由教师个人或亲属承担的费用。

（5）严禁通过向学生推销图书、报刊、生活用品、社会保险等商业服务获取回扣。

（6）严禁利用职务之便谋取不正当利益的其他行为。

8.2.2.3　劳动纪律

劳动纪律是企事业单位的一项基本纪律规定，是保证正常工作秩序的需要。学校是教书育人的场所，倡导全员育人、全程育人、全方位育人，学校育人氛围的形成首先就取决于教职工的劳动纪律状况。在加强党风廉政建设，治理"慵、懒、散"的过程中，加强劳动纪律的治理是首当其冲的重点。教师应当遵守的劳动纪律，主要包括以下方面：

（1）遵守工作时间，主要体现在遵守单位组织规定的上下班制度、考勤制度、请销假制度等。需要注意的是，遵守工作时间，不能满足于机械的"按点上班、按点下班"，"踩着点儿"绝对不是一个好习惯。

（2）合理利用工作时间，如工作时间不串岗聊天、不干私活、不玩手机、不上网聊天、炒股等与工作无关的事情。

（3）坚守工作岗位，就是在教学和其他工作过程中应当遵守的纪律，如坚守岗位、不擅离职守；授课过程中不随意出入教室；授课过程中不随意接打手机；不无故提前下课等。

8.2.2.4　教学纪律

教学纪律就是服从学校的组织管理、履行岗位职责、执行教育教学规范等方面的纪律要求，如服从正常的教学任务安排、严禁随意或擅自调代课、严格执行教学进度计划、完成规定的教学工作任务等。例如，某校的教学纪律如下：

（1）教师须严格按照课表的时间和地点进行教学活动，不得随意停课、调课、私自更换教室或请他人代课。

（2）教师须提前 2 分钟到达上课地点，做好上课前的各项准备工作，准时授课。

（3）教师课前应准备好实习、实验的设备、条件，不得随意驱使学生在上课期间代取物品。

（4）教师不得无教案上课，不得照本宣科。

（5）教师须按照教学大纲和教学进程精心组织教学，不得擅自增加与课程无关的内容。

（6）教师授课须注意仪表端正，精神饱满，站立上课。

（7）教师上课期间不得随意出入教室、不得接打手机。

8.2.2.5 品行纪律

品行纪律就是指在为人师表、关爱学生、爱护财产、厉行节约、关心集体、遵守职业道德等方面的规则。

8.3 中职教师违纪行为与处理

8.3.1 中职教师违纪处理的规范性文件

教育部在 2014 年 1 月 11 日印发了《教育部关于印发〈中小学教师违反职业道德行为处理办法〉的通知》（教师〔2014〕1 号）（以下简称《处理办法》）。

8.3.1.1 文件性质

该《处理办法》在法律层次上属于教育行政规章性质，是教师违纪处理的基本指导文件。各级地方教育行政部门乃至具体的中小学校根据各自的实际情况，往往会制定具体的实施细则，以便于操作。

8.3.1.2 适用范围

《处理办法》第二条规定："本办法所称中小学教师是指幼儿园、特殊教育机构、普通中小学、中等职业学校、少年宫以及地方教研室、电化教育等机构的教师。前款所称中小学教师包括民办学校教师。"该文件明确了所有的中职院校教师，包括公办校、民办校的教师，都在适用范围之内。

8.3.2 违反教师职业道德行为的种类

《处理办法》第四条，列举了下列严重违反教师职业道德的行为：

（1）在教育教学活动中有违背党和国家方针政策言行的。

（2）在教育教学活动中遇突发事件时，不履行保护学生人身安全职责的。

（3）在教育教学活动和学生管理、评价中不公平公正对待学生，产生明显负面影响的。

（4）在招生、考试、考核评价、职务评审、教研科研中弄虚作假、营私舞弊的。

（5）体罚学生的和以侮辱、歧视等方式变相体罚学生，造成学生身心伤害的。

（6）对学生实施性骚扰或者与学生发生不正当关系的。

（7）索要或者违反规定收受家长、学生财物的。

（8）组织或者参与针对学生的经营性活动，或者强制学生订购教辅资料、报刊等谋取利益的。

（9）组织、要求学生参加校内外有偿补课，或者组织、参与校外培训机构对学生有偿补课的。

（10）其他严重违反职业道德的行为应当给予相应处分的。

【资料链接】

常州市教育局2011年制定的常教发〔2011〕14号文件《常州市中小学教师违规违纪行政处分办法（试行）》，详细规定了给予各层级行政处分的具体情形。该《办法》第四条规定，有下列情形之一，经批评教育仍不改正的，给予警告处分：

（一）不按时上课，经常迟到、早退、不遵守工作纪律的；

（二）在课堂上抽烟或使用通讯工具的；

（三）不认真备课、上课，不批改作业、不辅导学生，完不成教学任务的；

（四）无正当理由不服从学校工作安排，影响正常教育教学秩序的；

（五）不尊重学生，讽刺、挖苦学生，造成影响的；

（六）擅自剥夺学生在校学习和参加活动的权利、擅自组织学生进行校外集体活动的；

（七）训斥或无故指责学生家长，利用职权和工作之便谋取私利的；

（八）擅自向学生、家长推销书籍、刊物或其他商品的；

（九）语言举止不文明，服饰不得体，有损教师形象的。

8.3.3　中职教师师德违纪的处分种类

《处理办法》第三条规定了处分的种类，包括：

（1）警告。

（2）记过。

（3）降低专业技术职务等级。

（4）撤销专业技术职务或者行政职务。

（5）开除。

（6）解除聘用合同。

8.4　事业单位教师的纪律与处分

国家人力资源和社会保障部、监察部在 2012 年颁布实施的《事业单位工作人员处分暂行规定》（下称《暂行规定》）从负向规定的角度（违法违纪行为）将事业单位工作人员的纪律划分为政治纪律、工作纪律、廉洁从业纪律、财经纪律和品行纪律六大类。

在我国，公办学校属于国家事业单位，学校里的教职工属于事业单位工作人员，要遵守国家关于事业单位工作人员的纪律要求。纳入事业单位编制的人员要严格遵守事业单位工作人员的纪律；在学校里担任一定教育教学任务的非编制人员，如劳务派遣制、劳动合同制等用工形式的人员，是接受学校委托从事活动的，也需要遵守学校教职工相应的纪律规范，其违纪处理主要依据派遣合同（劳动合同）的条款执行。

8.4.1　事业单位教师的纪律

8.4.1.1　政治纪律

政治纪律就是事业单位工作人员在政治方面必须遵守的行为规则。之所以对事业单位工作人员规定政治纪律，是因为我国事业单位及其工作人员具有特殊性质。事业单位是由国家财政供养的、承担社会公益服务职责的社会组织，其工作人员属于国家公职人员，必须拥护党和政府的政策、法律，与党和政府保持高度一致，这是最严格也是最基本的纪律。《暂行规定》第十六条规定了违反政治纪律的行为，具体包括：

（1）散布损害国家声誉的言论，组织或者参加旨在损害国家利益的集会、游行、示威等活动的。

（2）组织或者参加非法组织的。

（3）接受境外资助从事损害国家利益或者危害国家安全活动的。

（4）接受损害国家荣誉和利益的境外邀请、奖励，经批评教育拒不改正的。

（5）违反国家民族宗教法规和政策，造成不良后果的。

（6）非法出境、未经批准获取境外永久居留资格或者取得外国国籍的。

（7）携带含有依法禁止内容的书刊、音像制品、电子读物进入国（境）内的。

（8）其他违反政治纪律的行为。

8.4.1.2　工作纪律

工作纪律就是事业单位工作人员在履行职责过程中必须遵守的行为准则。遵守工作纪律是工作人员履行职责、提高工作效率的基本保证，也是对工作人员的起码要求。《暂行规定》第十七条规定了违反工作纪律失职渎职的行为，具体包括：

（1）在执行国家重要任务、应对公共突发事件中，不服从指挥、调遣或者消极对抗的。

（2）破坏正常工作秩序，给国家或者公共利益造成损失的。

（3）违章指挥、违规操作，致使人民生命财产遭受损失的。

（4）发生重大事故、灾害、事件，擅离职守或者不按规定报告、不采取措施处置或者处置不力的。

（5）在项目评估评审、产品认证、设备检测检验等工作中徇私舞弊，或者违反规定造成不良影响的。

（6）泄露国家秘密的。

（7）泄露因工作掌握的内幕信息，造成不良后果的。

（8）采取不正当手段为本人或者他人谋取岗位，或者在事业单位公开招聘等人事管理工作中有其他违反组织人事纪律行为的。

（9）其他违反工作纪律失职渎职的行为。

8.4.1.3　廉洁从业纪律

廉洁从业纪律是对事业单位工作人员在反对腐败、加强廉政建设中的具体要求。作为国家公职人员，在社会管理、公益服务等过程中行使的是国家赋予的职权或者接受的是国家的授权，必须具有清正廉洁的职业形象。《暂行规定》第十八条规定了违反廉洁从业纪律的行为，具体包括：

（1）贪污、索贿、受贿、行贿、介绍贿赂、挪用公款的。

（2）利用工作之便为本人或者他人谋取不正当利益的。

（3）在公务活动或者工作中接受礼金、各种有价证券、支付凭证的。

（4）利用知悉或者掌握的内幕信息谋取利益的。

（5）用公款旅游或者变相用公款旅游的。

（6）违反国家规定，从事、参与营利性活动或者兼任职务领取报酬的。

（7）其他违反廉洁从业纪律的行为。

8.4.1.4　财经纪律

财经纪律是指事业单位工作人员在财政和经济工作中必须遵守的行为准则。遵守财经纪律，保证国家财政资金安全，维护国家经济活动秩序，是国家公职人员的法定义务。《暂行规定》第十九条规定了违反财经纪律的行为，主要包括：

（1）违反国家财政收入上缴有关规定的。

（2）违反规定使用、骗取财政资金或者社会保险基金的。

（3）擅自设定收费项目或者擅自改变收费项目的范围、标准和对象的。

（4）挥霍、浪费国家资财或者造成国有资产流失的。

（5）违反国有资产管理规定，擅自占有、使用、处置国有资产的。

（6）在招标投标和物资采购工作中违反有关规定，造成不良影响或者损失的。

（7）其他违反财经纪律的行为。

8.4.1.5 职业道德

事业单位集中了全国绝大多数的专业技术人员，他们利用自己的专业知识和技能，为社会提供专业化的服务。恪守职业道德，提高社会服务水平，是社会对他们提出的基本的要求。《暂行规定》第二十条规定了违反职业道德的行为，主要包括：

（1）利用专业技术或者技能实施违法违纪行为的。

（2）有抄袭、剽窃、侵吞他人学术成果，伪造、篡改数据文献，或者捏造事实等学术不端行为的。

（3）利用职业身份进行利诱、威胁或者误导，损害他人合法权益的。

（4）利用权威、地位或者掌控的资源，压制不同观点，限制学术自由，造成重大损失或者不良影响的。

（5）在申报岗位、项目、荣誉等过程中弄虚作假的。

（6）工作态度恶劣，造成不良社会影响的。

（7）其他严重违反职业道德的行为。

8.4.1.6 社会公德

事业单位工作人员是国家公职人员，除了需要自觉遵守特有的纪律外，还必须在模范遵守社会公德方面发挥应有的示范引领作用。不论是否在工作环境，不论是否在工作时间，8小时内外都要受到一定的约束。《暂行规定》第二十一条规定了违反社会道德的行为，主要包括：

（1）制造、传播违法违禁物品及信息的。

（2）组织、参与卖淫、嫖娼等色情活动的。

（3）吸食毒品或者组织、参与赌博活动的。

（4）违反规定超计划生育的。

（5）包养情人的。

（6）有虐待、遗弃家庭成员，或者拒不承担赡养、抚养、扶养义务等的。

（7）其他严重违反公共秩序、社会公德的行为。

8.4.2 事业单位教师的纪律处分

事业单位教师的纪律处分分为：

（1）警告。

（2）记过。

（3）降低岗位等级或者撤职。

（4）开除。

8.5　党员教师的纪律与处分

党的纪律简称党纪，它是体现党的性质的党内各种原则、规章制度、条例和决定的总和，是党的各级组织和全体党员必须遵守的行为规则。

8.5.1　《中国共产党章程》

《中国共产党章程》（以下简称《党章》）是党的总章程，是党为实现党的纲领所制定的根本法规，是党的各级组织和全体党员必须严格遵守的基本准则和规定。《党章》通过规定党的各级组织职责、党员的权利和义务等，使党的各级组织、每位党员，各得其所、互相配合，保证党内正常秩序。《党章》明确告诉党员可以做什么、不能做什么，是权责分明的规范性文件，是党员的基本遵循。

承认党的章程是申请入党的基本条件，自觉遵守和维护《党章》，执行《党章》的各项规定，是党员的义务。凡是《党章》规定党员不能做的就坚决不做，凡是《党章》规定党员必须做的就毫不犹豫地执行，《党章》是检验党性的根本标尺。

8.5.2　《中国共产党廉洁自律准则》

2015年10月18日，中共中央印发了《中国共产党廉洁自律准则》，（以下简称《廉洁自律准则》），自2016年1月1日起施行。《廉洁自律准则》要求全体党员和各级党员领导干部务必做到"四个必须"，即"必须坚定共产主义理想和中国特色社会主义信念，必须坚持全心全意为人民服务根本宗旨，必须继承党的优良传统和作风，必须自觉培养高尚道德情操"。

准则，就是一种标尺，就是思想、言论、行动所依据的尺度、标准、原则。《廉洁自律准则》共计八条，高度概括了党员、党员干部应该具备的思想道德境界。前四条是针对所有党员廉洁自律的规范，要求所有党员公私分明、崇廉拒腐、尚俭戒奢、吃苦在前；后四条是针对党员领导干部的廉洁自律规范，要求党员领导干部廉洁从政、廉洁用权、廉洁修身、廉洁齐家。

《廉洁自律准则》作为党执政以来第一部面向全体党员规范廉洁自律工作的党内法规，为党员和党员领导干部树立了一个看得见、够得着的标准，是全体党员和党员干部自觉遵守的内在尺度。

8.5.3　《中国共产党纪律处分条例》

2015年10月18日，中共中央印发了《中国共产党纪律处分条例》（以下简称《处分条例》），2016年1月1日起施行。

党员的违纪行为就是指党员违反党章和其他党内法规、违反国家法律法规、违反党和国家政策、违反社会主义道德，危害党、国家和人民利益，依照党内法规的有关规定，应当受到党的纪律追究的行为。

《处分条例》规定了政治纪律、组织纪律、廉洁纪律、群众纪律、工作纪律和生活纪律的六大纪律，并规定了警告、严重警告、撤销党内职务、留党察看、开除党籍的违纪处分措施。

《处分条例》能够使每一名党员、每一名党员领导干部知道什么是可做的、什么是不能做的，以及如果做了不该做的事情将会引起的不利后果，这就从行为底线的层面上，为党组织和党员确立了行为的戒尺。

党员教师是学校的一面旗帜，应当模范遵守各种规章制度。党员教师不仅要遵守教育系统（含学校）的纪律规范，还要遵守作为事业单位工作人员应当遵守的纪律要求。同时，具有共产党员身份的党员教师还应遵守党的纪律、规矩，否则，还应受到党纪处分。例如，青海省教育厅2016年制定的《〈中小学教师违反职业道德行为处理办法〉实施细则》第三条中就明确规定："党员有严重违反师德行为的，除给予行政处分外，应按照《中国共产党纪律处分条例》的相关规定给予党纪处分。"

8.6 典型案例分析

【案例8-2】

教师违反政治纪律的行为

张某系一名中学在编教师，一天早晨准备上班，发现自家汽车前窗外侧放着一张光盘和印刷资料。他随手就把这些光盘和资料放在了座位上。到单位以后，张某仔细看了光盘和印刷资料，这些资料中以"揭秘"、"控诉"形式，充满了对中国共产党、中国政府、对党和国家领导人的攻击、污蔑之辞。张某认为自己发现了新的史实，就用手机拍成照片发到微信朋友圈。上课的时候，张某也把其中的一些内容给学生讲了。这件事在师生中造成了严重的不良影响。

案例分析：首先，张某的行为是严重违反职业道德的行为。爱国守法是教师职业道德规范的首要内容，要求教师要"热爱祖国，热爱人民，拥护中国共产党领导，拥护社会主义"。这种要求看似抽象，然而确确实实地体现在日常的工作和生活中。张某对于攻击、污蔑中国共产党、中国政府、对党和国家领导人的言论，不是旗帜鲜明地拒绝、驳斥、斗争，而是在暧昧之中反映出一种倾向性。他不仅自己看，还四处传播，甚至在课堂上讲给学生，严重违反了"不得有违背党和国家方针政策的言行"的师德规范。

其次，张某的行为是严重违反政治纪律的行为。"教师是履行教育教学职责的专业人员，承担教书育人，培养社会主义事业建设者和接班人、提高民族素质的使命"，其不是一个普通的职业，必须要有严明的政治纪律和正确的政治方向。只要选择了教师职业，就要有对中国特色社会主义的理论认同、政治认同、情感认同，坚定道路自信、理论自信、制度自信，文化自信，自觉践行社会主义核心价值观。教师在履行职责过程中的政治纪律一般包括以下方面：

（1）严禁在教育教学活动中有违背党和国家方针政策的言行；

（2）严禁在报刊、杂志、互联网等媒体发表有损英雄人物、领袖人物等的不当言论；

（3）严禁组织或参与非法集会和非正常上访；

（4）严禁在学校传播宗教思想、举行宗教活动；

（5）严禁在校外参与非法宗教活动。

再次，张某应当受到严肃的纪律处分。《中小学教师违反职业道德行为处理办法》第四条，列举了"在教育教学活动中有违背党和国家方针政策言行的"等严重违反教师职业道德的行为，视情节轻重分别给予相应的纪律处分。就本案而言，张某对于违禁光盘等资料，不仅自己观看，还将其通过微信等在社会中传播，甚至在课堂上都不忌其口，造成了严重影响，情节极其严重，应当受到降低岗位等级甚至开除的处分。如果张某具备党员身份，其还应受到相应的党纪处分。

最后，教师是学生的一面"镜子"，其一言一行、一举一动都在潜移默化中影响着学生。对于世界观尚未成型的中职学生来说，教师的授课一般只能是介绍定论性的结果，要避免学术性的论证，更不能将道听途说、缺乏根据与论证的观点，将与国家和社会价值观背道而驰的内容搬进课堂。教师需要的不仅是渊博知识，而且还必须具有敏感的政治意识、高尚的职业道德和职业操守，明晰自己在意识形态培育中的责任和义务，牢牢守好政治底线、法律底线、道德底线。

【案例 8-3】

学校和教师的渎职、失职行为

某校实施封闭式管理，学生非经允许，不得随意离校。不幸的是，该校发生传染疫情。疫情发生后，该校向所在地的教育主管部门报告疫情发生期间有 20 名在校学生曾请假外出。后经查，该校在疫情期间外出的学生实际超过 50 人。

案例分析：首先，学校和教师存在渎职、失职行为。该校对疫情期间外出学生的报告人数与实际情况存在严重误差。原因并非是学校故意谎报，而是由于外出请假、出入管理制度执行不严格，存在学生未经请假就能大摇大摆地走出校门、学生自己随意写张纸条就离校也无人过问等情况，以致造成学校统计外出学生上的失误。

其次，学校存在严重的违纪行为。发生重大疫情，应当按照规定及时报告，这对于控制疫情蔓延、减轻损失、保证师生生命健康和社会的稳定等有着非常重要的作用。本案例中，该校没有认真执行学校考勤、校门出入等管理制度，造成学生管理失控；疫情发生后，该校没有认真进行调查、统计，没有向主管部门准确上报疫情以及学生出勤等相关情况。这应当属于《事业单位工作人员处分暂行规定》第十七条中"发生重大事故、灾害、事件，擅离职守或者不按规定报告、不采取措施处置或者处置不力"的行为；也属于《中小学教师违反职业道德行为处理办法》中"在教育教学活动中遇突发事件，不履行保护学生人身安全职责的"的行为。依据规定，应当给予一定的行政处分。

最后，处分责任承担。由于疫情上报是学校行为，根据《事业单位工作人员处分暂行规定》第十五条："事业单位有违法违纪行为，应当追究纪律责任的，依法对负有责任的领导人员和直接责任人员给予处分。"因此，应当分别对该校负有领导责任和直接责任的人员根据情节，给予相应的处分。

本案例对学校的领导、班主任和任课教师都具有直接的警示作用。任课教师在上课前要认真核对到课人数、缺勤人数以及原因，做好登记，并在课后及时向班主任做好沟通；班主任作为班级的管理者，更需要耐心、细心和精心，要准确把握本班学生的出勤情况，严格执行请假制度，不能弄虚作假；学校门卫等部门要认真执行封闭管理和持证、打卡、请假外出制度，认真做好人员登记，按时进行统计。学校制定的各项规章制度，是学校教育教学秩序的重要保证，必须要严格执行。每一项规定都是规范，每一项规范都是对危险和风险的防范。不认真履行自己的职责，不执行制度、纪律和规范，就会给自己埋下危险的种子。

问题与测试

一、选择题

（1）《教师法》中规定，教师应当履行的义务包括（   ）。

A. 遵守宪法　　　　　　　　B. 制止有害学生的行为

C. 执行学校教学计划　　　　D. 履行教师聘约

（2）教师应当遵守的纪律，包括（　　）。

A. 政治纪律　　B. 廉洁纪律　　C. 劳动纪律　　D. 教学纪律

（3）下列属于违纪行为的，包括（　　）。

A. 对学生实施性骚扰的

B. 向学生索要礼物的

C. 组织针对学生的经营性活动谋取利益的

D. 组织学生参加校内外有偿补课

（4）教师违反职业道德行为处分，包括（　　）。

A. 警告　　　　B. 记过　　　　C. 记大过　　　　D. 开除

（5）下列属于违反事业单位工作人员工作纪律的行为，包括（　　）。

A. 违章指挥、违规操作，致使人民生命财产遭受损失的

B. 发生重大事故，不按规定报告的

C. 在项目评估评审工作中徇私舞弊的

D. 利用公款旅游的

（6）下列属于事业单位工作人员违反社会公德的行为，包括（　　）。

A. 吸食毒品的　　　　　　　B. 包养情人的

C. 传播违禁信息的　　　　　D. 虐待家庭人员的

（7）下列说法中，错误的有（　　）。

A. 教师是自由职业，不受纪律束缚

B. 学术自由，教师在课堂上表达自己的任何观点都不能受到追究

C. 教师在下班时间到道边的牌摊上打个牌，输赢30、50块钱的，没什么问题

D. 教师上完课，在办公室上网看看股票信息，这没什么问题

（8）教师应当遵守（　　）。

A. 岗位职责　　　　　　　　B. 学校规章制度

C. 教学规程　　　　　　　　D. 国家法律

（9）遵守职业纪律的要求，应当做到以下方面（　　）。

A. 学习职业纪律，避免无知犯错　B. 遵守职业纪律，不能明知故犯

C. 规范自己，形成纪律修养　　　D. 不能多干事，以免犯错误

（10）教师必须遵守的工作标准和规范，做到（　　）。

A. 认真执行《教学大纲》

B. 认真执行《教学进度计划》

C. 照着《教案》念，以防发生错误

D. 教材只是教学的参考，不能照本宣科

二、判断题

（1）非事业编制教师就可以不用遵守教师的纪律规范了。（　　）

（2）教师的职业纪律是以惩戒作为执行的基本保障的。（　　）

（3）教师与世无争，谈不上什么讲政治。（　　）

（4）体育课教师用不着政治纪律约束了。（　　）

（5）职业纪律和职业道德是相互促进的。（　　）

（6）张某未通过职称评审，就在校园里破口大骂"太黑暗了"。（　　）

（7）只要选择了教师职业，就应该有对社会主义的认同。（　　）

（8）中职院校教师，也适用《中小学教师违反职业道德行为处理办法》。（　　）

（9）教师张某未经审批出国，属于事业单位工作人员违反政治纪律的行为。（　　）

（10）班主任老师不执行学校关于教室消毒规定，属于违反工作纪律的行为。（　　）

三、案例分析

2015 年 8 月 17 日，湖北省黄冈市纪委监察局发出《通报》，严厉通报 28 起教育系统查处的违纪违规案件。其中涉及违背师德师风问题 3 起：

（1）2015 年 3 月 19 日晚，黄州区路口中学教师李冠军醉酒后无故体罚、辱骂学生，辱骂、诽谤同事，造成恶劣影响。黄州区教育局给予李冠军警告处分。

（2）2015 年 2 月 3 日，罗田一中教师余迪清工作日中餐饮酒并酒后驾车发生交通事故。罗田县教育局给予余迪清警告处分。

（3）英山县工程希望中学教师张宗宝自 2014 年春季学期担任班主任起，对迟到、旷课违纪学生实行罚款制度。2015 年 5 月 29 日，英山县教育局给予张宗宝全县教育系统内通报批评，并对该校负责人余耀光进行约谈。

阅读上述案例，回答下列问题：

（1）案例中，教师李某酒后无德之举，违反了师德规范的哪些内容？

（2）案例中，教师余某的校外行为，对教师的职业形象有什么影响？

（3）从师德的角度看，案例中班主任张某的罚款办法有何不妥？

（4）通过黄冈《通报》，我们教师有哪些启发？

9 中职教师的职业风险与防范

严于律己，以身作则，
防范风险，严守师德，
依法执教，担当有责，
教书育人，有你有我！

9.1 中职教师职业风险的种类

"风险"一词属于保险行业的术语，是指某个事件或者损失发生的不确定性。

在职业活动过程中，由于某些行为的实施可能会给职业者带来一定的利益损害，因此职业风险也成为一个值得关注的现实问题。

教师的职业风险，就是指教师在履行教育教学职责过程中存在的、对其利益造成消极影响的可能性。它主要有以下类别：

（1）人身风险。人身风险就是人的身体健康、生命安全可能遇到的风险。教师的人身风险主要来自两个方面：其一，是由于保护学生或者学校利益而受到的损害，这属于见义勇为，工伤范畴；其二，是在师生冲突中受到来自于学生或者学生家长的损害。

（2）责任风险。教师的责任风险是指教师在履行教育教学职责过程中的故意或者过失行为，给学校、学生或者其他主体的利益带来危害，而由其承担不利后果的风险。这主要表现为三种类型：

1）教师实施的侵权行为，是教师侵害学生或者其他主体的人身、财产或其他合法权益，依法应承担法律责任的违法行为。

2）教师发生的违规行为，是指教师违反教育教学工作的标准、规范、规程、制度规定，给教育教学秩序造成消极影响或其他损害的行为。

3）教师的失职渎职行为，是指教师在负有组织、教育、管理、保证学生安全的职责期间，未尽应尽义务，致使学生等利益受到损害的行为。

（3）权益丧失风险。权益丧失风险主要是指由于法律意识淡薄，缺乏依法维权的知识与能力，而导致教师自身合法权利得不到及时有效维护的风险。

教师权益丧失风险的情形，主要源于以下方面：

1）证据意识淡薄。无论是原告还是被告，都需要证据来支持自己的主张。

证据意识淡薄，就容易造成"哑巴吃黄连"的郁闷不欢。

2）时效意识不强。民事诉讼、行政诉讼等都是有时效规定的，超过法律规定的诉讼时效，将失去法律、法院的有效保护。

3）教师维权的心理障碍。碍于教师的身份、面子影响、对学生的宽容，教师往往容易放弃或丧失自身的权利。

9.2　中职教师的职业风险责任

教师在职业活动中，由于故意或者过失，违反应当遵守的道德、纪律、法律，给学生或者学校的利益造成影响，就要承受相应的后果。

9.2.1　党纪处分

作为一名共产党员，党员教师除了要遵守其他教师所应遵守的纪律规范以外，还必须遵守普通党员必须遵守的党的纪律和规矩。

《中国共产党纪律处分条例》第十条明确了对党员个人的纪律处分，见表9-1。

表 9-1　党员个人的纪律处分

处分种类	处分期间	处 分 后 果
警告	一年	处分期间，不得在党内提升职务和向党外组织推荐担任高于其原任职务的党外职务
严重警告	一年半	处分期间，不得在党内提升职务和向党外组织推荐担任高于其原任职务的党外职务
撤销党内职务	两年	处分期间，不得在党内担任和向党外组织推荐担任与其原任职务相当或者高于其原任职务的职务
留党察看	分为一年、两年两种	受到留党察看一年处分的党员，期满后仍不符合恢复党员权利条件的，应当延长一年留党察看期限； 受到留党察看处分的，其党内职务自然撤销； 恢复党员权利后两年内，不得在党内担任和向党外组织推荐担任与其原任职务相当或者高于其原任职务的职务
开除党籍		五年内不得重新入党

党员因为违反党纪受到的纪律处分，称为党纪处分。党员教师的行为如果同时违反了教师的行政纪律规范、党的纪律规范，那就可能同时受到政纪和党纪的双重处分。

9.2.2　行政责任

行政责任是指实施违反行政法规定的义务的行为所必须承担的法律后果。追究行政责任的形式有两种：一种是行政处分（或纪律处分），另一种是行政处罚。

9.2.2.1　行政处分和行政处罚的比较

（1）适用对象不同。行政处分只适用于国家机关、事业单位等组织内的国家公职人员，不适用于社会上一般的公民；而行政处罚则适用于所有的公民、法人或其他组织。

（2）适用的违法行为不同。行政处分与行政处罚都适用于行政违法行为，但行政处分适用的是一般的违法失职行为，而行政处罚则适用于违反某种特定的，设定有行政处罚的法律、法规、规章的违法行为。

（3）实施处罚的机关不同。实施行政处分的机关必须是被处分人员所在单位或者行政监察机关，而实施行政处罚的机关是国家法律规定的具有行政处罚权的行政机关，法律、法规授权的具有管理公共事务职能的组织和行政机关依照法律、法规、规章的规定，在其法定权限内委托的组织。

（4）执行不同。行政处分只能由国家机关和事业单位执行；而行政处罚则由法定的行政机关执行，也可由行政机关申请人民法院强制执行。

（5）救济的渠道不同。行政处分的救济渠道为复核和申诉，当事人对行政处分不服的，可以根据《事业单位工作人员申诉规定》（人社部发〔2014〕45号）在30日内向原处理单位申请复核。经审查认为原行政处分决定是错误的，应当及时予以纠正；造成名誉损害的，应当负责恢复名誉、消除影响、赔礼道歉；造成经济损失的，应当负赔偿责任。行政处罚的救济渠道为行政复议和行政诉讼，当事人对行政处罚不服的，可以向该行政机关的上级行政机关申请行政复议，也可以向人民法院就行政机关的行政处罚行为提起行政诉讼。

对教师的纪律处分，是通过《教育法》、《教师法》以及其他教育、事业单位等行政机关颁发的规范性文件确定的，因此教师违反纪律的责任在本质上就属于一种行政法律责任。相对于党纪处分，行政处分有时也称为政纪处分。

9.2.2.2　行政处分的种类

教师是社会关注的职业，其应当遵守的纪律规范是多方面的。

（1）作为学校里的教师，需要遵守各级教育行政机关以及所在学校制定的各种纪律规范。《中小学教师违反职业道德行为处理办法》第三条规定了教师违反职业道德行为的处分种类：警告、记过、降低专业技术职务等级、撤销专业技术职务或者行政职务、开除或者解除聘用合同。

（2）作为事业单位工作人员，教师具有国家公职人员的属性，应当遵守国家关于事业单位工作人员的纪律规范。

教师的行政处分见表9-2。

表 9-2　教师的行政处分

文件	事业单位工作人员处分暂行规定	中小学教师违反职业道德行为处理办法
生效日期	2012 年 9 月 1 日起执行	2014 年 1 月 11 日起
警告	期限为 6 个月；不得聘用到高于现聘岗位等级的岗位；在作出处分决定的当年，年度考核不能确定为优秀等次	期限为 6 个月
记过	期限为 12 个月；不得聘用到高于现聘岗位等级的岗位，年度考核不得确定为合格及以上等次；受到记过以上处分的，处分期间不得参加专技职务资格或者工勤技术等级考试（评审）；应当取消专业技术职务任职资格或者职业资格的，按照有关规定办理	期限为 12 个月
降低岗位等级或者撤职	降低岗位等级或者撤职的期限为 24 个月；事业单位工作人员被依法判处刑罚的，给予降低岗位等级或者撤职以上处分（徒刑以上另有规定）；受到降低岗位等级处分的，自处分决定生效之日起降低一个以上岗位等级聘用，重新核定工资待遇；在受处分期间，不得聘用到高于受处分后所聘岗位等级的岗位，年度考核不得确定为基本合格及以上等次；受处分期间不得参加高一级专业技术职务任职资格评审或高一级技能等级考试；受到降低岗位等级或者撤职处分的，处分解除后，不视为恢复受处分前的岗位等级和工资待遇	降低专业技术职务等级、撤销专业技术职务或者行政职务期限为 24 个月；教师被判处刑罚的，依据《事业单位工作人员处分暂行规定》给予撤销专业技术职务或者行政职务以上处分
开除或解除聘用合同	事业单位工作人员被依法判处有期徒刑以上刑罚的，给予开除处分；行政机关任命的事业单位工作人员，被依法判处刑罚的，给予开除处分；受到开除处分的，自处分决定生效之日起，终止其与事业单位的人事关系。不再具有事业单位工作人员身份	规定有"解除聘用合同"处分种类

　　在履行教育教学职责、体现教师职业角色和党员身份的任何场合，教师都必须遵守各种角色的纪律规范。同样的一个违纪行为，可能会受到来自于不同纪律规范的处置，其结果就是要承受最严厉的处分。

9.2.2.3　行政处罚

我国实行的教师资格制度是一种国家职业资格制度，由国家教育行政部门对符合条件并提出申请的人员予以资格认定，颁发《教师资格证》，属于国家职业资格性质。教师资格是国家对专门从事教育教学工作人员的基本要求，是公民获得教师职位、从事教师工作的前提条件。自实行教师资格制度之日起，凡在教育行政部门依法批准举办的各级各类学校和其他教育机构中从事教育教学工作的教师，必须具有依法取得的相应教师资格，没有相应教师资格的人员不能聘为教师。

撤销教师资格，是对违法的相对人给予剥夺从事教育教学权利的制裁。

【资料链接】

《教师法》第十四条规定，受到剥夺政治权利或者故意犯罪受到有期徒刑以上刑事处罚的，不能取得教师资格；已经取得教师资格的，丧失教师资格。

《教师资格条例》第十八条规定，依照教师法第十四条的规定丧失教师资格的，不能重新取得教师资格，其教师资格证书由县级以上人民政府教育行政部门收缴。

第十九条规定有下列情形之一的，由县级以上人民政府教育行政部门撤销其教师资格：

（1）弄虚作假、骗取教师资格的；

（2）品行不良、侮辱学生，影响恶劣的。

被撤销教师资格的，自撤销之日起 5 年内不得重新申请认定教师资格，其教师资格证书由县级以上人民政府教育行政部门收缴。

9.2.2.4 教师承担行政责任的判断

（1）要有违法违纪行为。这种行为，可以是主动的作为，如为了维持教学秩序而对违纪学生进行的体罚、人格污辱性语言等行为；也可能是消极的不作为，如在课堂上对学生放任自流、疏于管理的行为。

（2）尚不够刑事处罚的程度。《事业单位工作人员处分暂行规定》第二条规定"事业单位工作人员违法违纪，应当承担纪律责任的，依照本规定给予处分。"违反纪律的行为达到一定的程度，就会构成犯罪。例如体罚学生，经鉴定已经给学生造成轻伤或者重伤的程度，那就是刑罚处罚的问题了。

（3）主观上有过错，即主观上存在故意或者过失。

（4）属于行为犯。教师的违纪行为处理针对的是违纪行为，只要实施了纪律禁止的行为，无论是否造成事实上的不良后果，都可能要承担行政责任。

9.2.2.5 行政责任风险的诱因

教师受聘于学校，在校园里展开其职业活动，通过授课、考试、实训等教学环节以实现人才培养的任务。对于教师个体而言，这种职业活动体现着其个人的职业理想和职业利益，既有现实的工资待遇的保障需要，也有展示个人价值、教书育人的职业理想追求，这些都可以归纳为个人利益的范畴。然而一旦教师为了追求自身利益的行为结果与教书育人的宗旨相违背，在具体执教环节中出现损害学生正当利益的行为，其职业风险就产生了。诱发职业风险的因素有：

（1）放松自我要求，世界观、人生观、价值观出现偏差，教育理想信念动摇，道德水准滑坡。

（2）教育教学过程中，怕出错误，墨守成规，缺乏教育教学方法的创新。怕担责任，有畏难情绪，不敢管，对学生比较放任，课堂秩序不好。

（3）工作标准不高，缺乏敬业精神。教学大纲的执行不到位，提交教案检查不主动，课堂上的照本宣科等。

（4）缺乏对教师的角色意识。与学生"称兄道弟"、"吃喝不分"，甚至带学生到校外饮酒、进营业性洗浴中心、歌舞厅等场所。

（5）对学生厚此薄彼。接受学生家长和朋友的请托，在安排学生座位的时候予以照顾。在上课的时候，自觉或者不自觉地对"有关系"的学生关照得比较多，有喜欢提问"好学生"的情况。

（6）缺乏对行为动机与结果统一性的认识。"我是好心"、"我这样做都是为了学生嘛！"

《中小学教师违反职业道德行为处理办法》第六条"给予教师处分，应当坚持公正、公平和教育与惩处相结合的原则；应当与其违反职业道德行为的性质、情节、危害程度相适应"的规定，是在讲违规的性质、情节、危害程度。《事业单位工作人员处分暂行规定》第二十条第一款第（七）项"其他严重违反职业道德的行为"的兜底规定，也意在说明是对严重违反职业道德行为给予行政处分。

9.2.3 民事责任

民事责任是指公民、法人或者其他民事主体因违反民事义务所应承担的民事法律后果。这种民事"义务"，包括作为的义务和不作为的义务。负有义务的一方只要不履行其民事义务，必然使享有权利的一方的权利得不到实现或者遭受侵犯，就会产生相应的法律后果，承担一定的民事责任。

我国民法中的民事责任分为违约责任和侵权责任两种情况。教师与学校之间是聘用合同关系，存在着违约责任的问题。教师与学生之间，不存在违约问题，主要发生的是侵权责任。

9.2.3.1 承担民事责任的方式

我国《民法总则》第一百七十九条规定，承担民事责任的方式主要有：停止侵害；排除妨碍；消除危险；返还财产；恢复原状；修理、重作、更换；继续履行；赔偿损失；支付违约金；消除影响、恢复名誉；赔礼道歉。

实践中，教师承担民事责任的主要方式是赔偿损失和赔礼道歉。

9.2.3.2　学校民事责任的承担

A　归责原则

归责原则就是指行为人的行为致人损害时，根据什么标准和原则确定行为人的侵权责任问题。这主要有三种形式：

过错责任原则，就是指民事主体只有在主观上有过错的情况下，才对因自己的行为造成的损害承担民事责任。如果没有主观上的过错，就不承担民事责任。这种过错包括故意和过失。故意是指行为人预见到自己行为的后果但希望或者放任其发生的情况。过失是指行为人应当预见但却因疏忽大意没有预见，或者已经预见而轻信不会发生的情况。过错责任原则是普遍适用的归责原则，除法律特别规定外，都以此认定民事主体应当承担的民事责任。

无过错责任原则，是指在某些特殊领域或行业，对造成损害的行为不再强调行为人的主观过错，而以行为人的行为是否致损害来确定民事责任的归责原则。

公平责任原则，是指在当事人对造成损害都无过错的情况下，而依法律特别规定由当事人分担民事责任的一种归责原则。

B　学校承担民事责任的归责原则

《中华人民共和国侵权责任法》第三十八条规定："无民事行为能力人在幼儿园、学校或者其他教育机构学习、生活期间受到人身损害的，幼儿园、学校或者其他教育机构应当承担责任，但能够证明尽到教育、管理职责的，不承担责任。"

第39条规定："限制民事行为能力人在学校或者其他教育机构学习、生活期间受到人身损害，学校或者其他教育机构未尽到教育、管理职责的，应当承担责任。"

第40条规定："无民事行为能力人或者限制民事行为能力人在幼儿园、学校或者其他教育机构学习、生活期间，受到幼儿园、学校或者其他教育机构以外的人员人身损害的，由侵权人承担侵权责任；幼儿园、学校或者其他教育机构未尽到管理职责的，承担相应的补充责任。"

《最高人民法院关于审理人身损害赔偿案件适用法律若干问题的解释》第七条规定："对未成年人依法负有教育、管理、保护义务的学校、幼儿园或者其他教育机构，未尽职责范围内的相关义务致使未成年人遭受人身损害，或者未成年人致他人人身损害的，应当承担与其过错相应的赔偿责任。"

从以上法律规定可以看出，学校对于学生在校受到的伤害适用过错责任原则，只有在学校未尽到应尽的义务，且学生受到的伤害结果与学校未尽职责的行为之间有因果关系，学校才承担民事责任。

C　学校的举证责任

我国《中华人民共和国民事诉讼法》第六十四条规定："当事人对自己提出

的主张，有责任提供证据。"在民事诉讼中，当事人对自己所主张的事实，有提供证据加以证明的责任，即所谓"谁主张谁举证"的举证责任原则。原告起诉应当提供证据证明起诉的合理性和合法性，被告对原告的起诉抗辩也需要提供证据驳斥对方。

中职学生基本上属于限制民事行为能力人，对于学生在校期间的人身损害，学校只有在未尽到教育、管理职责的情况下，才承担相应的责任。如果学校要驳斥对方的诉求，就需要提供履职尽责的充分证据。

举证责任对中职院校是一种警示：一要扎实工作，履职尽责，教育管理好学生；二是要有证据意识，平时做到"踏石留印，抓铁有痕"，对工作有制度、有落实、有检查，注意各种教育、管理档案材料的收集、整理、归档、保存，以防万一。

D　教育领域多发性侵权行为

未成年学生拥有宪法规定的所有权利，同时由于其特定的年龄和学生身份，还受到法律的特殊保护。教师在教育教学过程中切不可忽视这些权利，以免发生侵权行为而承担恼人的侵权责任：

（1）侵犯学生生命健康权的行为。《中华人民共和国未成年人保护法》要求学校应当建立安全制度，加强对未成年人的安全教育，采取措施保障未成年人的人身安全；学校应当与未成年学生的父母或者其他监护人互相配合，保证未成年学生的睡眠、娱乐和体育锻炼时间，不得加重其学习负担，不得延长在校学习时间。

（2）侵犯学生人格权的行为。《未成年人保护法》要求学校的教职员工应当尊重未成年人的人格尊严，不得对未成年人实施体罚、变相体罚或者其他侮辱人格尊严的行为。

（3）侵犯学生隐私权的行为。我国的《侵权责任法》规定了侵犯隐私权行为需要承担的民事责任。隐私权是指自然人享有的私人生活安宁与私人生活信息依法受到保护，不受他人侵扰、知悉、使用、披露和公开的权利。未成年人虽然被视为"孩子"，但法律赋予公民的权利是应当予以保障的。因此，《未成年人保护法》第三十九条强调，任何组织或者个人不得披露未成年人的个人隐私。对未成年人的信件、日记、电子邮件，任何组织或者个人不得隐匿、毁弃；除因追查犯罪的需要，由公安机关或者人民检察院依法进行检查，或者对无行为能力的未成年人的信件、日记、电子邮件由其父母或者其他监护人代为开拆、查阅外，任何组织或者个人不得开拆、查阅。

（4）侵犯学生受教育权的行为。受教育权是宪法规定的公民的一项基本权利和义务，而学生作为特殊的社会群体，其受教育权的具体内容在《教育法》第四十三条作了具体的规定。受教育者享有的权利包括：

1）参加教育教学计划安排的各种活动，使用教育教学设施、设备、图书资料。

2）按照国家有关规定获得奖学金、贷学金、助学金。

3）在学业成绩和品行上获得公正评价，完成规定的学业后获得相应的学业证书、学位证书。

4）对学校给予的处分不服向有关部门提出申诉，对学校、教师侵犯其人身权、财产权等合法权益，提出申诉或者依法提起诉讼。

5）法律、法规规定的其他权利。

针对未成年学生的受教育权，《未成年人保护法》第三条也规定，未成年人享有受教育权；国家、社会、学校和家庭尊重和保障未成年人的受教育权；第十八条在学校保护责任中再次强调，学校应当尊重未成年学生受教育的权利，关心、爱护学生，对品行有缺点、学习有困难的学生，应当耐心教育、帮助，不得歧视，不得违反法律和国家规定开除未成年学生。

E　学校承担民事责任的情形

教育部颁布的《学生伤害事故处理办法》（以下简称《办法》）第九条规定了学校对学生伤害事故应当承担相应责任的情形：

（1）学校的校舍、场地、其他公共设施，以及学校提供给学生使用的学具、教育教学和生活设施与设备不符合国家规定的标准，或者有明显不安全因素的。

（2）学校的安全保卫、消防、设施设备管理等安全管理制度有明显疏漏，或者管理混乱，存在重大安全隐患，而未及时采取措施的。

（3）学校向学生提供的药品、食品、饮用水等不符合国家或者行业的有关标准、要求的。

（4）学校组织学生参加教育教学活动或者校外活动，未对学生进行相应的安全教育，并未在可预见的范围内采取必要的安全措施的。

（5）学校知道教师或者其他工作人员患有不适宜担任教育教学工作的疾病，但未采取必要措施的。

（6）学校违反有关规定，组织或者安排未成年学生从事不宜未成年人参加的劳动、体育运动或者其他活动的。

（7）学生有特异体质或者特定疾病，不宜参加某种教育教学活动，学校知道或者应当知道，但未予以必要的注意的。

（8）学生在校期间突发疾病或者受到伤害，学校发现，但未根据实际情况及时采取相应措施，导致不良后果加重的。

（9）学校教师或者其他工作人员体罚或者变相体罚学生，或者在履行职责过程中违反工作要求、操作规程、职业道德或者其他有关规定的。

（10）学校教师或者其他工作人员在负有组织、管理未成年学生的职责期间，发现学生行为具有危险性，但未进行必要的管理、告诫或者制止的。

（11）对未成年学生擅自离校等与学生人身安全直接相关的信息，学校发现或者知道，但未及时告知未成年学生的监护人，导致未成年学生因脱离监护人的保护而发生伤害的。

（12）学校有未依法履行职责的其他情形的。

9.2.3.3　教师承担的民事责任

（1）教师非职务行为实施侵权，由本人承担民事责任。《办法》第十四条规定："因学校教师或者其他工作人员与其职务无关的个人行为，或者因学生、教师及其他个人故意实施的违法犯罪行为，造成学生人身损害的，由致害人依法承担相应的责任。"

例如，教师李某找本班一名学生替其去锅炉房打开水，结果学生被烫伤。让学生给打开水的行为，即属个人行为，与履行教师职务无关。学生的医药费等责任就应由教师李某自己承担。

（2）教师职务行为引发的侵权，由学校承担。教师由于职务行为而引发民事诉讼，被告是学校而不是教师，教师本人可以作为无独立请求权的第三人参与诉讼。如果学校可以证实已尽到了监管职责，教师是因教学活动以外的原因实施侵权行为的，那就应当由教师作为被告承担民事责任。

对确属教师职务行为的，由学校作为侵权的法人主体，承担其对教师未尽监管职责而应承担的民事责任。例如，教师为维护教学管理秩序对学生进行体罚，其所引发的赔偿损失等民事责任应当由学校承担。

（3）责任追偿。《办法》第二十七条规定："因学校教师或者其他工作人员在履行职务中的故意或者重大过失造成的学生伤害事故，学校予以赔偿后，可以向有关责任人员追偿。"

学校在承担责任之后，可根据教师的过错和经济状况，在学校内部责令其承担部分损失。同时，教师可能还会因此受到纪律等处分。

9.2.4　刑事责任

刑事责任是行为人实施了刑法禁止的严重危害社会的行为，其所必须承担的法律后果。负刑事责任的行为，就是犯罪，就意味着应当受到刑罚的惩罚。

9.2.4.1　职务犯罪

职务犯罪是指国家机关、企业事业单位、人民团体以及法律规定的其他组织中的工作人员对工作严重不负责任，不履行职责、不正确履行职责或者利用职权谋取私利，破坏国家对职务活动的管理职能，依照刑法应当受到刑事处罚的犯罪的总称。

A　职务犯罪的构成要件

职务犯罪构成要件主要包括犯罪主体、犯罪的主观方面、犯罪客体、犯罪的客观方面。

主体要件，在我国法律中规定，一是国家机关工作人员；二是国有公司、企事业单位中的国家工作人员；三是人民团体中的工作人员；四是受国家机关国有公司、企事业单位、人民团体的委托管理、经营国有财产的人员；五是法律规定的其他人员。

主观要件，是指行为人对其行为的危害后果所持的一种心理与心理状态。

客体要件，侵害的是国家对职务活动的管理职能。

客观要件，我国法律规定职务犯罪的客观要件主要有三种形式：一是利用职务之便；二是滥用职权；三是严重不负责任，不履行或不正确履行职务。

B　职务犯罪的种类

我国刑法规定的国家工作人员职务犯罪，主要有贪污贿赂犯罪、渎职罪、侵犯公民人身权利和民主权利的犯罪三大类。根据具体的犯罪行为，这三大类又可再细分为若干个具体的犯罪罪名。

C　刑事责任的种类

刑事责任的承担方式主要是刑罚，依照我国刑法的规定，刑罚包括主刑和附加刑两种。主刑包括管制、拘役、有期徒刑、无期徒刑和死刑；附加刑包括罚金、剥夺政治权利和没收财产。此外，对于犯罪的外国人，可以独立适用或者附加适用驱逐出境。

9.2.4.2　教师的刑事责任风险

教育领域中的犯罪，有的属于个人刑事犯罪，如教师体罚学生，给学生造成严重的身体伤害，构成的故意伤害罪；有的具备了刑法规定的职务犯罪的要件，属于职务犯罪。但无论是否属于职务犯罪，只要与教师的身份相关，只要发生在教育领域，就都会给教师个人、学校和教师群体的职业形象等带来极大的冲击，其社会关注度都会超过其他一般刑事犯罪。作为最严重的危害社会行为，其将承受最为严厉的法律制裁，这是所有社会成员，特别是拥有较高职业声望的教师（教育从业者）必须要高度警惕的事情。

A　非职务犯罪风险

非职务犯罪风险就是指对犯罪构成的主体要件没有关于职权的特定要求的一般刑事犯罪。教育领域中的非职务犯罪，相对集中于伤害类犯罪、侵财类犯罪、性侵类犯罪。

（1）这些犯罪从侵害的对象来看，以施教的学生为犯罪对象而实施的强制猥亵妇女、猥亵儿童、故意伤害较多，且犯罪对象呈低龄化。

（2）从犯罪类型来看，利用管理教育身份的特殊性，以其所管理教育的学生为侵害对象而实施的猥亵儿童、强制猥亵妇女等性侵害犯罪相对突出。

（3）社会危害性大。以未成年学生为对象的犯罪，所产生的身体和心理的侵害，尤其是心理、心灵上的伤害是持久的、难以化解的。此类犯罪，发生在教育环境、发生在教师群体，即便非以学生为犯罪对象实施的其他犯罪，也使教师形象严重受损，弱化了教师的道德教化、引领功能。

B 职务犯罪风险

（1）招生环节。招生是学校运行的关键环节，也是问题多发的环节。招生的双方（招生学校和学生及家长）在招生环节都使尽浑身解数，招法百出，其中就可能隐含着许多潜在的风险。主要问题存在于考生的资格审查、考试舞弊以及考试录取费用的收取、管理等节点。

（2）校服、教材、教辅材料等采购环节。校服、教材、教辅材料的采购特点是需求量大、需求的稳定性高、职权者的控制能力较强、可监督性差。实践中的"回扣"问题较受关注。

（3）学生资助工作环节。这主要涉及套取国家助学、奖励资金；截留、挪用国家助学、奖励资金；骗取助学资金归个人所有、使用；弄虚作假，协助不符合条件者骗取助学资金；不负责任，使符合条件者得不到应有的受资助权；对助学、奖励资金疏于监管等具体工作环节。

（4）工程建设、物资采购等环节。在工程项目的招标、验收、材料、物资采购等环节的工作人员，容易受到利益诱惑。

（5）校园安全管理环节。这主要涉及学校场所、设备设施的安全维护不到位；食品卫生、疾病预防等工作不到位；安全管理的制度不完善、执行混乱；对教师、学生的安全教育不到位；发生重大安全事故后的处置不力等问题。

9.2.4.3　教育领域多发性职务犯罪

教育领域与职权相关的犯罪，主要包括贪污罪、受贿罪、非国家工作人员受贿罪、滥用职权罪、玩忽职守罪、招收公务员和学生徇私舞弊罪、挪用公款罪等。

【资料链接】

最高人民法院 最高人民检察院关于印发《关于办理商业贿赂刑事案件适用法律若干问题的意见》的通知（节选）

五、学校及其他教育机构中的国家工作人员，在教材、教具、校服或者其他物品的采购等活动中，利用职务上的便利，索取销售方财物，或者非法收受销售方财物，为销售方谋取利益，构成犯罪的，依照刑法第三百八十五条的规定，以受贿罪定罪处罚。

学校及其他教育机构中的非国家工作人员，有前款行为，数额较大的，依照刑法第一百六十三条的规定，以非国家工作人员受贿罪定罪处罚。

学校及其他教育机构中的教师，利用教学活动的职务便利，以各种名义非法收受教材、教具、校服或者其他物品销售方财物，为教材、教具、校服或者其他物品销售方谋取利益，数额较大的，依照刑法第一百六十三条的规定，以非国家工作人员受贿罪定罪处罚。

9.2.5 解除合同

教师属于事业单位工作人员，对于已经实行全员聘用制的学校，教师与学校之间签订《事业单位聘用合同》。这时，教师与学校之间就不再有身份的隶属关系，而是一种平等协商的聘用合同关系。对于未进入事业单位编制的教师来说，签订的是《劳动合同》。无论是何种性质的合同，对于教师来说，发生违纪行为，就存在着被解除合同的风险。

9.2.5.1 聘用单位可以随时单方面解除聘用合同情形

（1）连续旷工超过 10 个工作日或者 1 年内累计旷工超过 20 个工作日的。

（2）未经聘用单位同意，擅自出国或者出国逾期不归的。

（3）违反工作规定或者操作规定，发生责任事故，或者失职、渎职，造成严重后果的。

（4）严重扰乱工作秩序，致使聘用单位、其他单位工作不能正常进行的。

（5）被判处有期徒刑以上刑罚收监执行的，或者被劳动教养的。

（6）在试用期内被证明不符合本岗位要求又不同意单位调整其工作岗位的。

9.2.5.2 聘用单位预告解除聘用合同情形

受聘人员有下列情形之一的，用人单位可以单方面解除聘用合同，但是应当提前 30 日以书面形式通知被解聘的受聘人员。

（1）受聘人员患病或者非因工负伤，医疗期满后，不能从事原工作也不能从事由聘用单位安排的其他工作的。

（2）受聘人员年度考核或者聘期考核不合格，又不同意聘用单位调整其工作岗位的，或到新岗位后考核仍不合格的。

（3）聘用合同订立时所依据的客观情况发生重大变化，致使原合同无法履行，经协商不能就变更合同达成协议的。

9.2.5.3 聘用合同终止的情形

（1）聘用合同期满的。

（2）双方约定终止合同的条件出现的。

（3）聘用单位被撤销的。

（4）受聘人员退休、退职的。

（5）受聘人员死亡或者被人民法院宣告失踪、死亡的。

履行合同期间，缺乏良好的表现，就可能在合同期满后出现用单人位不予续聘的问题，这同样是非常严重的后果。

9.2.6 职业禁止

【案例 9-1】

教师猥亵女生获刑 被禁止从事教育行业

孙某某原是江苏省沭阳县某小学的数学老师，他利用自己的教师身份，在 2016 年 3 月至 6 月期间，多次在教室内猥亵多名女学生，后因被害人的家长报警而案发。

《教师法》中规定因故意犯罪受到有期徒刑以上刑罚的，已经取得教师资格的，丧失教师资格。可是孙某某虽然丧失教师资格，但是仍然可以从事教育培训等相关职业。考虑孙某某行为恶劣，为了预防其再犯罪，保护青少年的安全，沭阳县检察院在提起公诉时，依法提出禁止从业的建议。

2017 年 3 月 24 日，该案宣判。法院对检察院的职业禁止建议予以采纳，除判处孙某某有期徒刑六年外，同时禁止其自刑罚执行完毕之日起五年内从事教育及相关工作。

职业禁止不同于一般性的禁止令，是一种新事物。《中华人民共和国刑法修正案（九）》在《中华人民共和国刑法》第三十七条之后增加了一条"职业禁止"，作为第三十七条之一，即"因利用职业便利实施犯罪，或者实施违背职业要求的特定义务的犯罪被判处刑罚的，人民法院可以根据犯罪情况和预防再犯罪的需要，禁止其自刑罚执行完毕之日或者假释之日起从事相关职业，期限为三年至五年。被禁止从事相关职业的人违反人民法院依照前款规定作出的决定的，由公安机关依法给予处罚；情节严重的，依照本法第三百一十三条的规定定罪处罚。其他法律、行政法规对其从事相关职业另有禁止或者限制性规定的，从其规定。"

职业禁止是指法院对利用职业便利实施犯罪或者实施违背职业要求特定义务犯罪的犯罪分子，除依法判处相应刑罚之外，还可以根据犯罪情况和预防再犯罪的需要，禁止其自刑罚执行完毕之日或者假释之日起从事相关职业的一种法律制度。它既不是一个新的刑种，也不属于刑罚之列，而是一种非刑罚的法律后果，其主要目的在于防止犯罪分子再次利用其职业和职务之便进行犯罪。

教师的职业、身份对于学生、尤其是未成年学生具有特殊的影响力。对于曾经利用教师特有的影响力对学生实施犯罪的，尤其是性侵未成年学生的犯罪人员，如果其再从事教育相关行业，恐其再次发生危害未成年学生的行为，人民法院在做出刑事处罚的同时，就可能做出禁止其再次回到原职业领域的裁定。案例中人民法院对案犯的职业禁止，实际上就剥夺了其在规定期限内从事教师职业的权利。这种禁止，不同于依照《教师法》、《教师资格条例》等规定对于教师资格的撤销，而是禁止其从事任何教育职业。

9.3 中职教师职业风险的预防

　　教师职业风险的存在，是当前教育领域不可回避的问题。一旦风险发生，后果难以预测，对教师个人、学校、教师群体、学生以及我们的教育事业都会产生不可估量的影响。教师职业风险预防取决于社会、学校和教师个人三方的共同努力。

9.3.1 社会层面

　　因其职业使命，教师备受关注。教师和学校承担的现实压力已到空前。"压力山大"，不是调侃。增强职业吸引力是预防职业风险不可忽视的基础性因素。

　　从教师入职动机来看，"事业编"、"铁饭碗"、"职业稳定性"、"寒暑假"，成为选择的重点原因。带着"找份儿稳定工作"的心态走进校园无可非议。但是，在择业基础上的"立业"，确立"教书育人"的职业理想，成为合格的人民教师，这是需要理解、宽容和过程的。

　　教师群体是高学历的专业技术群体，其政治、社会、经济地位应该得到充分的尊重。《教师法》中关于"各级人民政府应当采取措施，加强教师的思想政治教育和业务培训，改善教师的工作条件和生活条件，保障教师的合法权益，提高教师的社会地位"的规定，给了教师无限的希望。

　　既然教师职业是社会关注的职业，既然教师教书育人的事业是神圣、伟大的，国家和社会就要增强其职业的吸引力，吸引优秀的人才从教，留住优秀的人才执教。安心从教，既是国家、社会、学校对每一名教师的希望，也是每一名教师爱岗敬业的基础。

9.3.2 学校层面

　　"教师惹了祸，学校得兜着"，学校不可忽视教师职业风险的预防。教师是学校的主体和主人，学校应该承担起教师道德成长的责任。

9.3.2.1 加强教育培训

教育培训在内容上包括师德培训、技能培训、心理健康辅导等。

（1）师德培训。师德培训必须从教师的职业认知开始，系统化地组织，对新入职教师、中青年教师、老教师确定不同的培训内容和具体要求。教育法治培训，要有明确的教育法律法规的学习，使教师明确自己行为的底线，增强法治思维和法治意识，从法治的高度来看待自己的职业责任、增强自身职业修养、提高职业技能、改进教育教学方法、丰富教育智慧，实现自知、自制、自觉，成为有法治觉悟的教育者。

（2）技能培训。教师的技能培训，既包括教师本体专业知识与技能培训，也包括教师的教育教学技能培训，既要能"包出美味的饺子"，还要能把"包饺子的技艺"传给学生。

（3）心理健康辅导。对教师进行心理健康辅导，可缓解教师的职业压力，使其享受职业幸福。

教育培训在工作安排上要制度化、经常化。制度化是培训工作顺利开展的保障，它要求规划、计划和实施。培训虽然重要，但是不能成为负担，否则，效果难料。学校应当制定出学年或者学期的培训计划，在时间安排上多考虑教师的心理状态。道德的、纪律的规范真正内化为个人的认知与需求，再外化为道德行为，成为习惯，需要长期的过程。道德认知、情感、意志、行动、习惯，不可能是三两天的事情。学校不能说"这学期搞了一次师德讲座，行了，别搞了！"师德培训，必须细水长流，经常化。

教育培训在形式上要多样化。改变过去一讲到师德培训，就是搞讲座的做法，要把自学和集中学习结合起来，把学习和讨论结合起来，把校内培训和校外培训结合起来，把"自己人"培训和"外来和尚"结合起来，把假期培训和日常培训结合起来，把成功的经验和失败的教训结合起来，把身边的榜样和社会的楷模结合起来。职业道德认知容易，发书、出题、答卷，可以通过分数控制。职业道德的情感熏陶、职业道德的意志培养、职业道德智慧，都是"软"指标、"硬"要素，更关键。师德培训要有培训的资源支持，包括教材、读物、纸质或者多媒体的资源、师资、外出培训的资金等。要摈弃师德培训投入"舍不得"心态，确保师德培训为重点的培训工作取得实效。

9.3.2.2 完善制度

完善的制度设计，既是对工作的规范，也是对漏洞的封堵。在制度上，对于财务、人事、物资采购、建设工程、教学耗材等环节的不相容岗位必须依照制度执行。学校要从教师职业风险预防的层面上进行制度设计，分析不同工作岗位的各个工作环节，细化工作的制度规范，如教学上的流程和规范要求、教师文明用语的规范、师生交往的行为要求、学生考勤的统计检查流程、住宿学生管理、体育教学安全规范、大型集体活动安全疏散预案备案制度等。要在教室、办公等公共场所加强技术防范，规范师生行为。

9.3.2.3 强化考评

要重视师德考核，将其视为学校的一项核心工作来抓。师德建设是一项基础性工作，必须重视起来，常抓不懈。要重视师德考核制度的可操作性。师德考核是通过外在的行为来对人的内在品质进行的评价，需要通过对行为的观察、定量的数据统计来进行定性的分析，从而对教师的师德状态做出评价。要减少考核结果的失真程度，需要对教师的教学言、行、果等进行全方位的材料积累。需要成立专门机构和兼职机构相结合，需要领导、同行、学生以及学生家长的全面参与。对现有的师德考核制度要执行到位，必要时可以聘请第三方参与到学校的考核工作中来。建立考核结果的反馈机制，从自我评价和外部评价的结果对比中找出不足，明确方向。

9.3.2.4　强化监督执纪的"四种形态"

在学校的师德师风建设、预防职业风险工作中，应当严格执行我们党在"党要管党、从严治党"的长期实践中总结的"四种形态"，本着为同事负责、为事业负责的态度，开展师德师风的督导工作。教研室、教学系部实施纵向上的管理，教务处、督导室等实施横向上的督导检查。对发现的苗头性问题，及时提醒；对于已经发生的问题，要严肃处理。

9.3.2.5　校园文化建设

"破窗理论"在教师职业风险预防中具有借鉴意义。不良的校园政治生态，"劣币驱逐良币"的环境，只能养成"就这么着，爱怎么地就怎么地"、"说我不好，不如我的人多着呢！"、"就看见我迟到了，光盯着我干什么"的舆论环境。这种环境一旦形成，影响就是全方位的，而且很难清除。因此，预防教师职业风险，必须重视校园文化建设，树立良好的校风、教风、学风。一要建设法治校园；二要有民主管理；三要有领导干部的公正、廉洁形象；四要树立身边的榜样；五要建立有吸引力的激励机制。

9.3.3　个人层面

（1）坚定理想信念。天津市在建设国家现代职业教育改革创新示范区进程中，提出以"安教乐道"为构建职业院校"立德树人"体系和品牌的重要指导思想。其中"安教"是对投身职业教育的坚定信仰；"乐道"是对培养大国工匠的倾情执著。中职教师队伍的特点是学历高、理论水平高、思辨能力强，再加之在教育教学实践中的体验积累，对事物都会有自己的判断。对教育事业的认知、对职业教育的未来、对教师职业的感受、对学校发展的考虑、对职业未来的信心等，都与中职教师的理想信念相关。

坚定理想信念取决于外在的教育、取决于个人的内心选择。天津市劳动保护学校在校园文化建设中提出了"感恩、自律、诚信、勤勉"的学风，把培养"心存感恩、志当高远、知书达理、德技双馨"的美丽学生为己任，对广大教师提出了"做值得学生感谢、感激、感恩的教师"的价值观，希望和期待我们的教师给予学生值得感谢、感激、感恩的帮助。这需要教师长期的师德修炼。

（2）增强学习的主动性。坚定理想信念，需要加强学习；加强学习会进一步明确和强化理想信念。终身学习是教师的一项基本规范，一是要有自觉性和主动性，二是在学习内容上要注意深度和广度。要学习教师职业道德理论和规范，学习理解职业活动中的纪律规范，明确方向，防触底线。要提升教师的职业技能，提升解决问题的能力与方法，丰富教育智慧，争取良好的教育和教学效果，积极争取正向的教师职业体验。

（3）训练法治思维。法治思维形成的责任意识是教师提升职业能力的内驱力，可促使教师工作更主动，考虑更全面，计划更周密，执行更彻底；法治思维蕴含的公平、公正、平等、权利、规则的理念，可促使教师更积极地改进教育教学方法；法治思维形成的对行为合法性判断、趋利避害的行为选择，可使教师既避免侵犯别人的权益，也有利于维护教师自己的合法权益。

（4）树立风险防范意识。严格遵守职业道德规范的要求，认真执行工作的纪律，按照规范和要求履行自己的岗位职责，是最有效的风险防范措施。对于法律和规范中要求对学生情况的告知义务必须履行。

（5）要有证据意识。教师在教学过程中，一要注意学生出勤的检查记录；二要注意与学生和学生家长沟通的记录；三要注意《教室日志》、《教学日志》、《班主任手册》的填写要认真、全面、及时。有效保留工作中产生的各种记录、文件，一是便于总结，二是便于证明，排除自己的风险责任。

9.4　典型案例分析

【案例9-2】

学生突发疾病引发的诉讼

河北省沧州市的 A 先生接到在某中职院校就读的女儿小 A 的电话，说是肚子疼得厉害，让家人赶紧来学校。A 先生和家人赶到学校，只见小 A 坐在学校门口，呼吸困难，脸色发紫。

A 先生等人将小 A 扶进学校医务室后，拨打了 120 急救电话，但被告知堵车，无法急救。等了半个多小时后，学校派车把小 A 送往附近医院。3 天后，小 A 医治无效死亡。

A 先生向法院起诉，请求学校赔偿损失。

庭审中，学校辩称，小 A 系个人身体原因导致突发疾病，班主任已安排同学陪同其到学校医务室检查，学校未有耽搁。

法院审理后认为，学校虽然采取了一些急救措施，但未及时通知作为监护人的原告或拨打 120 急救电话，未尽职责范围内的相关义务，应当承担与其过错相应 20% 的赔偿责任。

案例分析：现实中，学生在校突发疾病不可避免。对于学生在校期间突发疾病、意外受伤、自伤等情况，学校必须提起高度的重视，这一是为了维护学生的生命健康权利，二是为了学校、教师减少和规避不必要的麻烦。

首先，学校的救助义务。教育部颁发的《学生伤害事故处理办法》第十五条规定了此类事件的处置程序："学校应当及时救助受伤害学生，并应当及时告知未成年学生的监护人；有条件的，学校应当采取紧急救援等方式救助。"第十六条规定："发生学生伤害事故，情形严重的，学校应当及时向主管教育行政部门及有关部门报告。"

其次，学校的救助行为。《学校卫生工作条例》规定，学校应当配备可以处理一般伤病事故的医疗用品，要配备专职或兼职的医务人员或保健老师。这些机构和人员的配置，也是认定学校有无能力给予及时救护的重要证据。

在救护学生时，不但要"救"，更要"到位"。及时拨打急救电话，并采取持续正确的急救措施直至救护车赶到或到达医院，是最起码的要求。

此外，学校若明知教师或人员有不宜担任教育教学工作的疾病却未采取措施，以及应当知道学生患有特定疾病或特异体质而未予必要注意，也可能会落入"理亏"境地。

实践建议：（1）学校应加强对学生的安全教育，这既是对学生的安全负责，也是规避自身风险责任的重要措施，这是学校的领导和教职工应该达成的共识。《学生伤害事故处理办法》第五条"学校应当对在校学生进行必要的安全教育和自护自救教育"的规定，就明确了学校对学生的安全教育义务。缺乏这种教育，实际上就为以后承担不利责任埋下了隐患。而且，这种安全教育应该做到有计划、有实施、有记录，足以证明安全教育义务的履行。

（2）学校应当制定学生突发疾病、伤害事故的处理程序或细则。此举，一是经过充分研究论证过程形成的处理程序或细则，程序设计得比较周到、全面、高效。二是便于提高教职工的应急处理能力。制定出规范的程序，通过教育培训，使教职工熟悉掌握。只有熟悉了程序，在事件发生时，才可能临危不乱，有条不紊地实施救助。三是为了保证应急救助的效果，最大限度地保障学生的生命健康权利。

（3）不仅校医要合理设置，而且更要具备相应的专业知识与技能，学校里的所有教师、班主任、当班干部，都有必要掌握基本的应急救助常识和技能。这是我们履行"保护学生"职责的本领和真正"关爱学生"的具体表现。根据《学生伤害事故处理办法》第九条第（八）项"学生在校期间突发疾病或者受到伤害，学校发现，但未根据实际情况及时采取相应措施，导致不良后果加重的"的规定，学校救助学生不仅是义务，而且还应"根据实际情况及时采取相应措施"来保证救助措施的适当性。否则，就要对"导致不良后果加重"的过失承担责任。案例中学校被判承担20%的赔偿责任就与此有关。

（4）学校要加强与学生家长的沟通。学校负有对学生的教育、管理义务，应当关注学生的在校表现，加强与学生家长的沟通，以便于家长履行其监护义务。如果由于学校未尽到关注义务、告知义务，而引发学生的损害或者加重了损害结果，学校也是要承担责任的。本案中学校未及时通知监护人也是承担赔偿责任的原因之一。对于学生家长的告知义务，除《学生伤害事故处理办法》有规定外，《预防未成年人犯罪法》第十六条也明确要求"中小学生旷课的，学校应当及时与其父母或者其他监护人取得联系。未成年人擅自外出夜不归宿的，其父母或者其他监护人、其所在的寄宿制学校应当及时查找，或者向公安机关请求帮助。收留夜不归宿的未成年人的，应当征得其父母或者其他监护人的同意，或者在二十四小时内及时通知其父母或者其他监护人、所在学校或者及时向公安机关报告。"

（5）学生在校出现伤害，学校并非一律承担责任。学校对于未成年学生，不具有法定的监护人责任。学校具有的是对学生进行教育、管理、关注的义务，只要尽到了应尽的义务，学校是不承担责任的。所以，学校的同仁们，一要大胆地开展工作，别缩手缩脚；二要认真地开展工作，不能马马虎虎、疏忽大意；三要预防风险，在组织各种活动，尤其是大型集体活动、课外活动、校外活动的时候，要事先制定安全预案，确保安全无事故；四要注意资料、证据的收集和保留。

问题与测试

一、选择题

（1）下列行为中，可能承受刑事责任风险的行为是（　　）。

  A. 故意不完成教育教学任务给教育教学工作造成损失的

  B. 体罚学生的

  C. 未完成规定的教学任务

  D. 不认真备课

（2）下列不属于《教师法》规定的教师义务的是（　　）。

  A. 关心、爱护全体学生

  B. 制止有害于学生的行为或者其他侵犯学生合法权益的行为

  C. 不断提高思想政治觉悟和教育教学业务水平

D. 按时获取工资报酬

（3）下列说法正确的是（　　　）。

    A. 教师的职业风险具有不确定性

    B. 教师的职业风险无法预防

    C. 教师的职业风险行为完全局限于校园环境

    D. "八小时以外"的教师行为，学校无权干涉

（4）教师受到记过处分的期限为（　　　）。

    A. 6 个月   B. 12 个月   C. 24 个月   D. 36 个月

（5）下列行为中，学校无民事责任的情况是（　　　）。

    A. 学校向学生提供的食品不符合国家或者行业的有关标准、要求的

    B. 学校组织学生参加校外活动，未对学生进行相应的安全教育，并未在可预见的范围内采取必要的安全措施的

    C. 学校知道教师患有不适宜担任教育教学工作的疾病，但未采取必要措施的

    D. 某教师午间到校外就餐过程中，与食品摊贩发生纠纷，致人轻伤

（6）下列可能被撤销教师资格的情况是（　　　）。

    A. 品行不良、侮辱学生，影响恶劣的

    B. 一年内未完成规定工作量的

    C. 从教学岗位转聘到行政管理岗位，不再兼课的

    D. 学校业务考核未达到规定分数的

二、判断题

（1）教师承担的纪律风险在本质上属于行政处分。（　　　）

（2）教师的职业道德风险行为主要是不作为。（　　　）

（3）"嘛法不法的，老师上课就不可能有犯法的事"。（　　　）

（4）警告是违纪教师可能会受到的一种纪律处分。（　　　）

（5）《教师日志》要求任课教师仔细核查学生的出勤情况，很麻烦，但有必要。（　　　）

（6）只要学生在校园里受到伤害，学校都得承担法律责任。（　　　）

三、案例分析题

    2014 年 9 月 10 日，因学生未向任课老师赠送教师节礼物，黑龙江省依兰县高级中学高二年级十七班班主任冯某在第八节课上对学生进行了长时间训斥和谩骂。冯某离开班级后，该班学生每人凑钱 1 至 5 元，凑了 395 元，加上班费 281 元，共计 676 元，由 5 名学生到超市购买 6 箱牛奶送给包括冯某在内的 6 名任课

老师，共花费 296 元，剩余 380 元交给管理班费的同学。此前的 9 月 5 日，依兰县教育局开会传达教育部《严禁教师违规收受学生及家长礼品礼金等行为的规定》，要求各学校传达到每位教师，但该校对相关文件没有传达贯彻。教师节期间，该校 34 名教师接受学生赠送的茶叶、水杯、剃须刀、篮球、服装等各种礼品合计价值 4084 元，人均 120.12 元。

哈尔滨市及依兰县有关部门依据相关规定，给予相关人员处分：给予冯某撤销教师资格处分，清除出教师队伍；对负有责任的学校领导、县教育局领导分别给予不同的党纪、政纪处分；根据不同情节，对收受礼物的部分教师分别给予进行诚勉谈话、作出深刻检查和通报批评的处理。收受礼物的教师已将礼物退还学生，无法退回的折合钱款退回。负有重要领导责任的依兰县分管教育工作的副县长被给予行政警告处分。哈尔滨市纪委还责令依兰县委、县政府主要领导作出深刻检查，并对依兰县纪委书记进行了诚勉谈话。

阅读案例，回答下列问题：

（1）教师冯某的行为触犯了教师的哪些纪律规范？

（2）根据规定，可能被撤销教师资格的情况有哪些？被撤销教师资后，还能再回到教师队伍中来吗？

（3）教师的职业风险有哪些种类？

（4）《严禁教师违规收受学生及家长礼品礼金等行为的规定》规定教师不可实施的行为有哪些？本案例涉及了哪些不可实施的行为？

（5）本案受到社会广泛关注，教育部专门通报查处情况。举一反三，作为一名在职教师，通过本案例，有哪些感想？

参 考 文 献

[1] 魏淑华. 教师职业认同与教师专业发展［D］. 曲阜：曲阜师范大学，2005.

[2] 刘倩. 公共教育学课教师专业态度对其教学效果的影响研究［D］. 石家庄：河北师范大学，2012.

[3] 韩孜瑶. 个人修养在教师职业道德建设中的价值研究［D］. 石家庄：河北科技大学，2015.

[4] 邱殿成. 论高校教师的学生观［D］. 济南：山东师范大学，2008.

[5] 聂冬. 论教师人格魅力对中职生品德形成的意义［D］. 济南：山东师范大学，2010.

[6] 赵小荣. 学生观的历史演进及其对教学的启示［D］. 兰州：西北师范大学，2005.

[7] 傅维利. 师德读本［M］. 北京：高等教育出版社，2003.

[8] 傅维利. 教师职业道德教育指南［M］. 北京：高等教育出版社，2002.

[9] 红旗东方编辑部. 道德的力量［M］. 北京：红旗出版社，2012.

[10] 邓雪梅. 职业道德与法律［M］. 天津：天津大学出版社，2011.

[11] 秦丽君，李春秋. 职业院校教师职业道德修养［M］. 北京：北京师范大学出版社，2015.

[12] 宦平. 教师职业道德［M］. 北京：中国劳动社会保障出版社，2013.

[13] 陈玉祥. 教师职业道德［M］. 南京：南京大学出版社，2016.

[14] 赵宏义. 新时期教师职业道德修养［M］. 长春：东北师范大学出版社，2005.

[15] 高雅珍，熊亮. 职业道德［M］. 上海：格致出版社，2015.

[16] 高丽. 中职教师的学生观、教学观、发展观［J］. 卫生职业教育，2008（20）：32-33.

冶金工业出版社部分图书推荐

书　名	作　者	定价（元）
美丽校园人读本（中职教材）	郭兴民	28.00
法治素养（中职教材）	郭兴民	27.00
心理素质训练（中职教材）	田俊收	27.00
安全素养（中职教材）	闫永荃	（估）26.00
创新创业素养（中职教材）	魏定俊	（估）26.00
科学素养（中职教材）	刘薇	（估）26.00
核心职业素养能力训练（中职教材）	杜永关	（估）26.00
冶金通用机械与冶炼设备（第2版）（高职高专教材）	王庆春	56.00
矿山提升与运输（第2版）（高职高专教材）	陈国山	39.00
机械制图（第2版）（高职高专教材）	阎霞	46.00
机械制图习题集（第2版）（高职高专教材）	阎霞	35.00
高职院校学生职业安全教育（高职高专教材）	邹红艳	22.00
机械基础与训练（上）（高职高专教材）	黄伟	40.00
机械基础与训练（下）（高职高专教材）	谷敬宇	32.00
工程材料及热处理（高职高专教材）	孙刚	29.00
冶金机械设备故障诊断与维修（高职高专教材）	蒋立刚	55.00
现代转炉炼钢设备（高职高专教材）	季德静	39.00
采掘机械（高职高专教材）	陈国山	42.00
液压气动技术与实践（高职高专教材）	胡运林	39.00
烧结球团生产操作与控制（高职高专教材）	侯向东	35.00
洁净煤技术（高职高专教材）	李桂芬	30.00
冶金企业安全生产与环境保护（高职高专教材）	贾继华	29.00
数控技术与应用（高职高专教材）	胡运林	32.00
自动化仪表使用与维护（高职高专教材）	吕增芳	28.00
环境监测与分析（高职高专教材）	黄兰粉	32.00
电子技术及应用（高职高专教材）	龙关锦	34.00